ENTRENA TU CORAZÓN

ENTRENA TU CORAZÓN

LA MAYORDOMÍA CORPORAL BÍBLICA

DANIEL CABÚS

ESPAÑOL®
BRENTWOOD, TENNESSEE

Entrena tu corazón: La mayordomía corporal bíblica

B&H Publishing Group
Brentwood TN, 37027

Diseño de portada: Mark Karis.
Fotografía portada: PeopleImages/istock
Ilustraciones interior: Oleksii Bulgakov/shutterstock.

Clasificación: 613
Clasifíquese: SALUD Y AUTO-CUIDADO \ SALUD FÍSICA \ CUERPO HUMANO

ISBN: 978-1-4300-8130-2

Impreso en EE. UU.

1 2 3 4 5 * 27 26 25 24

Índice

Dedicatoria

Para Yamile y Yael:
Si caminar es un regalo,
mi regalo es caminar hacia al cielo
tomado de sus preciosas manos.

AGRADECIMIENTOS

Cuando miro atrás, solo puedo ver la mano de Dios guardándome en todo tiempo. Desde mi niñez hasta hoy, Dios me ha bendecido con la vida de muchos que han guardado mi corazón. Soy producto de la inversión de amor, consejo, tiempo e instrucción de parte de hombres y mujeres que han instruido mi vida hacia las sagradas Escrituras desde mi niñez. Agradezco a mi madre, que con gran devoción me inspiró desde niño a buscar al Señor, y a la Iglesia Cristiana Discipular que me vio crecer y guardó tanto tiempo. A la Iglesia Evangélica de la Gracia, mis hermanos y pastores, quienes sin duda alguna son culpables de mi amor por la causa del evangelio y la predicación de la Palabra, gracias por todo el amor y consejo hacia mi vida.

Este proyecto nació en el corazón del Señor, pero no cabe duda que hace falta valentía para producir un material de esta magnitud. Durante la redacción de este texto, me enfrenté a muchas situaciones nuevas. Gracias a mi querido profesor Pepe Mendoza por enseñarme que predicar desde la profesión es una bienaventuranza. Gracias a Joel Rosario por toda su participación en la mejora y la puesta a punto de todo lo que está escrito; si este libro te pone en forma, se lo debes a él.

Gracias a todos aquellos que de alguna manera han contribuido al desarrollo del ministerio que Dios ha puesto en mis débiles manos.

Quiera el Señor usar cada palabra para confortar tu cuerpo y traer esperanza a tu corazón a través de la obra de Cristo en cuerpo y en espíritu.

Introducción

Cuando de cuidar el cuerpo se trata, hay muchas voces en nuestros pensamientos que nos indican qué hacer, cómo hacerlo, y a menudo por qué no hacerlo. Desde mi niñez y hasta ahora, con más madurez y conciencia al respecto, he podido oír, ver y conversar sobre el cuidado corporal desde múltiples facetas. Como entrenador, veo que el ejercicio es imprescindible para un estado físico correcto. Como cristiano, el ejercicio no es lo más importante en la vida, pero tengo una responsabilidad frente a lo que Dios me ha dado y ha puesto en mis manos; eso incluye mi cuerpo y la forma en que lo cuido y administro. Ese cuerpo es mío pero, paradójicamente, no me pertenece, y debo cuidarlo aplicando ciencias que le pertenecen a Él, como agente creador de todas las cosas y proveedor del conocimiento a lo que es creado, el ser humano.

Durante estos últimos tres años, he tenido la oportunidad de conversar con diferentes hermanos, innumerables iglesias, líderes y pastores con una robusta madurez teológica. No cabe duda de que ha sido toda una travesía la concepción que la iglesia universal tiene respecto del cuidado corporal, el cuerpo y el ejercicio, y todo lo que ese sector involucra. Encontramos puntos de vistas divergentes, opuestos, e incluso hay humor en cuanto a la negligencia corporal en ciertas esferas evangélicas.

Escribir estas líneas me ha supuesto varios desafíos. El primero es dar una perspectiva bíblica de las ciencias del deporte, el cambio de hábitos, la vida saludable y el propio cuerpo sin caer en la sofisticación de tal acción, y el segundo es mostrar la cosmovisión griega y el legado humanista y católico que hay detrás de esta rama científica de la Educación Física y que, de manera sutil, está anclada en el corazón de muchos creyentes. Hay una cultura griega que está en cada área del sector y a la cual yo llamo el «*fitness* caído».

Mi meta es que el libro que tienes en tus manos te capacite, enseñe e informe a tu corazón y al mundo que el ejercicio no es el *medio* definitivo para hacernos fuertes, sino más bien, que se diseñó principalmente para mostrarnos la *debilidad* profunda que revela el *cuerpo,* producto de una naturaleza caída que arrastra nuestros *corazones.* En otras palabras, el ejercicio nos brinda *efectos saludables temporales* que no se comparan con la *gloria* venidera eterna. Pero que el ejercicio es un medio y, me atrevería a decir, un canal por excelencia para desarrollar disciplina y forjar el carácter del creyente para el servicio a nuestro Señor Jesucristo y Su amada Iglesia.

En este libro, he agrupado los puntos principales de la mayordomía corporal bíblica (MCB) de tal manera que el cuidado corporal en la vida cristiana sea un acto cotidiano y el resultado de un evangelio que se vive en lo ordinario y tiene un efecto extraordinario; que resulte en adoración a Aquel merecedor de toda la alabanza, desde todo lo que constituye el *ser.*

No obstante, quisiera anticiparme a señalar que este libro no contiene mis afirmaciones finales; son un adelanto de lo meditado hasta este entonces. Reflexiona en cada una de sus líneas con oración sincera al Creador de tu cuerpo, para que el Señor guíe tu corazón en cada uno de los cambios y retos que supondrá la lectura de este manuscrito.

Finalmente, y sobre todas las cosas, recuerda que la mayordomía corporal bíblica comienza con un corazón arrepentido. Un corazón arrepentido solo se produce cuando el Espíritu Santo de Dios te convence de pecado, justicia y juicio. Así que ten presente que, si en algún párrafo de este libro te sientes triste y esto produce arrepentimiento en ti, entonces irás por el camino correcto y estrecho de la MCB que apunta a Cristo y nada más.

Capítulo 1

¿Cómo comienza el plan?

Debemos cuidar el cuerpo como Dios desea que sea cuidado, y no como nosotros pensamos que es mejor.

Hace varios meses, el Señor nos dio la oportunidad de tener unas vacaciones en familia recorriendo el Mediterráneo en un crucero. Fueron unos días espectaculares; jamás los olvidaré. Recuerdo muy bien las instrucciones que la tripulación nos dio antes, durante y después de abordar. Entramos al barco y nos dirigimos a nuestro camarote, pero tardamos alrededor de diez minutos en encontrar nuestra habitación, ya que estábamos justo al otro lado del barco. Por fin llegamos a nuestra habitación y, detrás de la puerta, encontramos un mapa que nos indicaba nuestra ubicación exacta en el barco. Un punto azul nos distinguía de toda la majestuosidad de aquella enorme ciudad (barco) en medio del mar.

Ahora sí *sabíamos* con exactitud dónde estábamos, y cuando salimos de la habitación, el retorno fue mucho más directo y preciso. Extraviarse en un barco de vacaciones puede ser divertido, pero extraviarse en el cuidado corporal puede ser *letal.*

La mayordomía corporal bíblica es precisamente ese mapa y punto que nos ubica en el lugar idóneo y correcto de la administración del cuerpo. La mayoría de nosotros comenzamos a cuidar nuestros cuerpos (si es que lo hacemos) tan solo por saber que, en cierta medida, eso es algo bueno, pero esto puede ser el inicio de un éxito corporal y fracaso espiritual.

La epístola de Santiago nos recuerda lo siguiente: «Y al que sabe hacer lo bueno, y no lo hace, le es pecado» (Sant. 4:17). Para nuestra generación, dotada de todos los recursos digitales, académicos, y todo lo que en internet podemos encontrar, no es una novedad que el ejercicio es algo bueno. Pero nuestro pasaje anterior nos muestra una verdad mucho más profunda: el genuino *saber* va más allá del conocimiento y el entendimiento; saber lo bueno debe siempre acompañarse de hacer eso bueno que se sabe. La pasividad y la vida cristiana —y, por supuesto, la mayordomía corporal bíblica— no convergen entre sí.

Déjame detallarlo de forma gráfica: entre el saber y el hacer es donde se encuentra el conflicto del cuidado corporal. Lo que encontramos entre el saber y el hacer son los diferentes escenarios de nuestro día a día.

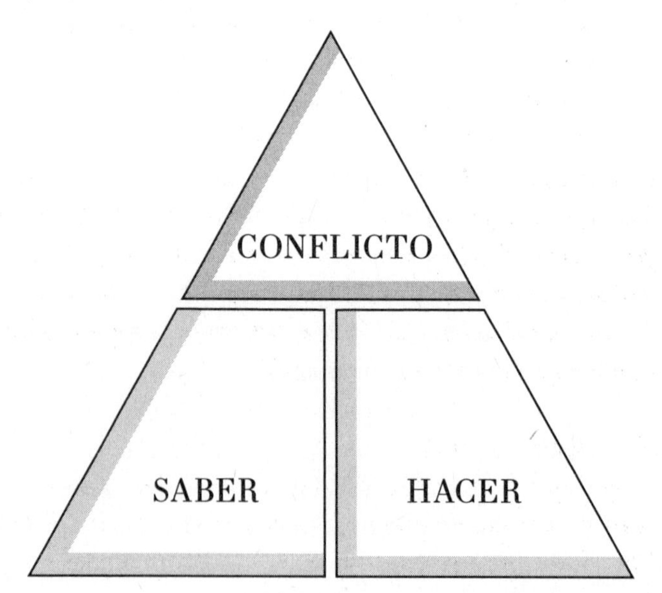

Figura 1. En los procesos nutricionales, deportivos y hábitos saludables, siempre existirá un *conflicto* de intereses entre lo que *quieres* hacer, lo que *debes* hacer y lo que *eres*.

Desde la perspectiva de la mayordomía corporal bíblica, la administración del cuerpo y su conocimiento está supeditada y suscrita al hacer, y es inherente a él. En otras palabras, la mayordomía corporal bíblica es una *acción constante y fiel* en la vida del creyente. No puede haber mayordomía sin acción. Este *hacer* no solo debe realizarse, sino que en el hacer, debe exponerse la persona de Cristo y nada más. Esto es, sin duda alguna, lo que diferencia a la mayordomía corporal bíblica de cualquier otro tipo de cuidado que el hombre y la mujer puedan darles a sus cuerpos.

Jeremy Pierre, en su libro *La dinámica del corazón en la vida cotidiana,* muestra cómo funciona el corazón humano detallando una relación tridimensional del mismo y una estructura funcional en la que identificamos la función cognitiva, afectiva y volitiva.[1]

El conflicto del corazón en el cuidado corporal es de carácter tridimensional. Por una parte, puedo *saber* que una actividad física diaria es buena, puedo *desear* realizar una actividad física, y finalmente, puedo no terminar *haciendo* eso que sé que está bien y que deseo realizar. Pero también puede pasar todo lo contrario.

> Nota del autor: Puedes *realizar* una actividad buena para el cuerpo, puedes *saber* que lo que haces está bien, pero tus *afectos* inclinados hacia un cuidado centrado en ti mismo en la realización de esa actividad hacen que dicho cuidado pase al otro lado del mapa de la mayordomía corporal bíblica y te sitúen en el punto de la idolatría.

Ahí está nuestro conflicto.

Más adelante hablaremos de qué son hábitos saludables y bíblicos, pero lo que sucede en el ejercicio y el desarrollo de cualquier actividad física es que el cristiano no está llamado solo a ejercer

---

1. Jeremy Pierre, *La dinámica del corazón en la vida cotidiana* (Sebring, FL: Editorial Bautista Independiente, 2019).

una mayordomía del cuerpo, sino a adorar a Dios en medio de esa administración. Esto es lo que hace que un acto tan cotidiano como salir a correr, levantar una mancuerna, respirar o descansar sea un acto de adoración de manera intrínseca, por el hecho de quién la realiza. El hombre y la mujer fueron creados para adorar, así que, dicho de otro modo, adoramos desde nuestra lectura bíblica, adoramos desde la preparación de una rica cena, adoramos desde una sentadilla profunda, adoramos en todo lo que hacemos. La pregunta no es si adoramos o no, la pregunta es: ¿a quién adoramos en cada uno de estos actos? ¿A nosotros mismos? ¿A nuestros cuerpos? ¿O al Creador de nuestros cuerpos?

La Escritura es contundente en este sentido: «Si, pues, coméis o bebéis, o *hacéis otra cosa*, hacedlo todo para la gloria de Dios» (1 Cor. 10:31, énfasis añadido). ¿Cuántas veces hemos leído este pasaje? Los cristianos en Corinto estaban teniendo varios problemas que continúan hoy en nuestra sociedad de forma práctica. Las preguntas ya no son en referencia a si comer esto o aquello está mal o bien (a veces, surgen batallas campales por esta cuestión), sino más bien, en nuestra área en concreto: ¿hacer ejercicio está mal? ¿Por qué debería un cristiano cuidar su cuerpo; no es el corazón lo que importa? ¿Cómo puedo glorificar a Dios en un acto secular como el ejercicio en este mundo caído?

La frase *hacéis otra cosa*, de nuestro versículo en cuestión, no quiere decir «cualquier cosa que se te ocurra». Si leemos con detenimiento los capítulos anteriores, Pablo viene mostrándonos cómo deben ser la conducta y las limitaciones de la libertad en Cristo en varias áreas de la vida de los creyentes. En 1 Corintios 6:20, Pablo concluye con estas palabras: «Porque habéis sido comprados por precio; glorificad, pues, a Dios en vuestro cuerpo y en vuestro espíritu, los cuales son de Dios».

El énfasis en el contexto del versículo se centra en la preservación, en limitar y apartar el cuerpo —que es propiedad de Cristo por el precio de Su sangre— de la inmoralidad sexual; el mensaje es claro.

Por supuesto, no debemos bajo ningún concepto forzar el texto a decir lo que no dice. El texto no dice en ninguna parte que los corintos glorificaban a Dios cuidando el cuerpo a través del ejercicio, pero, con su mensaje claro, tiene múltiples implicaciones en el cristiano del primer siglo y del que lee las líneas de estas páginas. Más adelante, el apóstol Pablo vuelve a hacer un llamado a los corintos de hacer *todas las cosas* para la gloria de Dios.

Cuando de *hacer* se trata, hemos de considerar que en cuanto a nuestro cuerpo —es decir, nosotros mismos—, somos llamados a realizar todas nuestras acciones para la gloria de Dios, pero tales acciones deben ser aprobadas y estar alineadas con la revelación de la Palabra inspirada por el Espíritu Santo de Dios. Dicho de otra forma: el cuerpo debe ser cuidado *como Dios quiere* y no como nosotros queremos o pensamos que es mejor.

A menudo, nos encontraremos en revistas, redes sociales y demás secciones del cuidado corporal que se ha descubierto la mejor dieta para perder peso, que si realizas tal o cual entrenamiento por fin conseguirás *el cuerpo que tanto has soñado.* Ese es el verdadero problema: que no estamos conformes con el diseño de nuestros cuerpos. Incluso si nuestros cuerpos son sometidos al estrés de un entrenamiento específico o una dieta en concreto, y finalmente estos generan resultados en teoría espectaculares, siempre estaremos insatisfechos. Esto les pasa a menudo a miles de personas que, en un intento de mejorar el cuerpo, olvidan que este no puede ser perfeccionado, porque aunque el cuerpo está sometido a debilidad a causa de la caída, es un regalo de Dios y fue hecho por Él. ¿Acaso Dios se equivocó en cómo creó tu cuerpo? De ninguna manera.

Cómo cuidar el cuerpo

La mayordomía corporal bíblica presenta cuatro principios que iremos desarrollando a lo largo de este libro. En primer lugar, tenemos la *teología corporal.* En este pilar, desarrollaré de manera panorámica la historia del cuerpo desde la influencia del pensamiento occidental hasta la Reforma. Ya que el objeto del cuidado es el cuerpo, es necesario conocer por qué existe hoy en día cierto celo por las acciones del cuidado corporal.

En segundo lugar, veremos *el conocimiento* (tanto de la ciencia que aplicamos al cuerpo, como el conocimiento de la Palabra de Dios). En este segundo pilar, hablaré de la consolidación de la educación física y el aporte de la cosmovisión cristiana a tal ciencia, y descubriremos por qué cuando se piensa en ejercicio o educación física, lo primero que viene a la mente somos nosotros mismos y no Dios precisamente.

En tercer lugar, abordaremos *la comunidad*, tu entorno más cercano (esto incluye la iglesia local). Contestaré la pregunta: ¿por qué la iglesia moderna debería estimular a sus líderes y miembros a realizar una actividad física?

Y en cuarto lugar, veremos *el movimiento,* que será mi consejo profesional deportivo como entrenador.

Cuando hablamos de cómo cuidar el cuerpo, hemos de ser muy cuidadosos de no decir lo que la Biblia no dice, y por supuesto, de decir lo que la Biblia sí dice. Así que, cuando me refiero a cómo cuidar el cuerpo, no me refiero únicamente a aspectos teóricos del entrenamiento o aspectos prácticos nutricionales (de los cuales hablaremos más adelante), sino más bien al aspecto actitudinal, al *ser* antes del *hacer*.

La MCB en acción

Me encanta que estés leyendo con tanto interés sobre el cuidado del cuerpo para la gloria de Dios, pero es hora de movernos. Renovar la mente nos debe llevar a la acción, ¡vamos!

¿Sabías que Dios ha dotado al cerebro con la capacidad de adaptarse a nuevos modelos de aprendizaje y mejorar así el proceso de educación en una actividad (correr, tocar el piano, hacer una sentadilla)? A esto se le conoce como neuroplasticidad[2]. El *ejercicio* estimula en gran manera el sistema nervioso central promoviendo nuevas rutas de conexiones neuronales que son necesarias para el desarrollo de nuevas habilidades y la mejora de la técnica en el ejercicio. El Creador del cuerpo es eternamente sabio.

Rutina

Sigue las siguientes instrucciones:

Sal a caminar durante quince minutos a un ritmo muy controlado, que te permita mantener una conversación, y mientras caminas, ora al Señor de manera concreta por cada una de las acciones que están ocurriendo en tu cuerpo. Por ejemplo, que puedes respirar, que tu corazón late con fuerza, que tus pies se mantienen firmes, y conecta tu oración con el evangelio, por ejemplo: *Amado Padre, fortalece mi cuerpo a través de esta caminata para servirte con mayor eficacia, en mi hogar, en la iglesia y donde sea que dirijas mis pasos para mostrar a Cristo.*

Puedes utilizar la siguiente tabla para llevar un registro de tus salidas a caminar. Plasmar tus acciones en una tabla como esta te ayudará a progresar y mantenerte fiel. Ya tienes una buena excusa para salir a caminar: *orar.*

Distancia	**Duración**	**Motivo de oración**	**Fecha**
	15′	Agradecimiento	

2. ¿Qué es la «neuroplasticidad»? Y ¿es alcanzable para adultos mayores? *Duke Med Health News,* 18 de septiembre de 2012; 18(9):8. PMID: 23029694. https://pubmed.ncbi.nlm.nih.gov/23029694/

¿Ya volviste de caminar?

Sigamos entrenando el corazón.

Hace un año, aproximadamente, comencé a entrenar a José María, un caballero jubilado amante de la economía. Mide 1,82 m, desayuna una tortilla francesa cada mañana, tiene ochenta y dos años, y de cariño lo llamo «mi capitán».

El pastor David Barceló, hablando sobre el anciano Jacob, escribe: «¿Qué debía pasar por la cabeza de este anciano (Jacob) al acampar en Beerseba? Dudas. Temores. Debilidad. Delante de él tenía el árido desierto, y más allá un país extranjero donde viviría el resto de sus días. Sin duda las personas mayores prefieren evitar grandes cambios y sentirse seguras en la estabilidad de lo cotidiano».[3]

Sin duda, para José María, el ejercicio supondría un desierto áspero y un gran cambio de vida.

JM comenzó a entrenar la fuerza después de haberse caído un par de veces en el último año. Durante toda su juventud nunca había hecho ejercicio, tan solo caminaba mucho y largas distancia por placer. JM no realiza la mejor sentadilla del mundo, no entrena diez veces a la semana, pero es un hombre fiel al proceso. Nunca ha faltado a un entrenamiento. A pesar del temor que le produce andar, siempre me recibe con una sonrisa a la hora de nuestra sesión. JM no es cristiano, pero el Señor ha usado su vida para mostrarme dos cosas: en primer lugar, que ser fiel (al parecer) se logra cuando lo que haces tiene una consecuencia mayor que lo que sacrificas. En el caso de JM, *ejercicio* es igual a *salud,* lo cual significa vivir más, y posiblemente caminar mejor. En segundo lugar, que para muchos el ejercicio es un fin y no un medio. Es decir, es su propósito; no son ellos mismos sin la dosis del ejercicio.

Si nuestra fidelidad depende de que las acciones de hoy tengan un mayor resultado mañana, entonces eso no es fidelidad, se llama

3. David Barceló, *Su gracia es mayor: El evangelio en la vida de José* (Nashville, TN: B&H Español, 2020), pág. 147.

interés. El interés surge cuando el afecto se encuentra con el aspecto cognitivo, o también puede suceder al contrario, el conocimiento de algo me genera un afecto que se convierte en un interés motivador. Déjame darte un ejemplo claro: Fulano quiere perder peso (afecto). Fulano *sabe* que hacer ejercicio ayuda a perder peso (conocimiento). Fulano *hace* ejercicio (voluntad).

Cuando la acción que se realiza (ejercicio) no genera lo que mis afectos desean (perder peso), informado por la conciencia, pierdo interés (dejo de hacer ejercicio).

Por otra parte, cuando la acción (ejercicio) se convierte en lo que soy (identidad) entonces mis *afectos* están destinados a vivir de acuerdo con esa tendencia. Sin duda alguna, esta es la vida *fitness* que el marketing caído de esta industria ofrece a diestra y siniestra, pero de una manera muy atractiva: «Busca la mejor versión de ti mismo, pierde peso sin esfuerzo alguno, tu cuerpo te pertenece, eres dueño de ti mismo».

La historia de José, en la Biblia, siempre me ha cautivado, sobre todo por la madurez de carácter que presenta en cada área de su vida. Definitivamente, José tenía claro a quién servía. Era un hombre que amaba a Jehová.

Después de ser vendido por sus hermanos, José fue fiel al Señor.

Cuando lo sedujo la esposa de Potifar, José fue fiel al Señor.

Al ser enviado a la cárcel injustamente, José fue fiel al Señor.

Cuando lo olvidaron sus compañeros de cárcel, José fue fiel al Señor.

Al asumir como gobernador de Egipto, José fue fiel al Señor.

Esa clase de fidelidad es la que debemos mostrar en los momentos más duros de la vida, como también en aquellos en los cuales, por su cotidianidad, bajamos la guardia y nos vemos entre la espada y la pared, como por ejemplo en el ejercicio y la alimentación. El corazón es todo un misterio; podemos ser los más fervientes y sobreponernos a las adversidades más grandes de la vida, pero a la vez, ser incapaces de decirle que no a ese pastel de chocolate con el estómago satisfecho, o levantarme un lunes por la mañana a hacer ejercicio. Definitivamente, la mayordomía corporal bíblica es lo que nuestros cuerpos y corazones necesitan.

Gracias a Dios, nuestros cuerpos no adquieren valor por el cuidado que tengamos de ellos; ciertamente, sería una injusticia para con el Creador que el valor del cuerpo repose en nuestra perspectiva. El valor del cuerpo no se establece por la importancia que las personas den a sus cuerpos. Un cuerpo descuidado violentamente no pierde valor intrínseco, por el hecho objetivo de *ser creado* por Dios. Nada de lo que Dios hace jamás pierde su valor. En cambio, recibimos lo contrario; es decir, un valor que no reposa en nuestras obras, sino en ser *hechuras suyas*. Nuestros cuerpos nunca pierden valor ni por el asombroso cuidado que tengamos para con ellos, ni por el desprecio activo y pasivo que podamos mostrarles. El cuerpo no puede obtener más valor del que ya le fue conferido en el cielo. Nuestros cuerpos, aun con sus imperfecciones, son un regalo del Señor para nosotros, y es maravilloso pensar que son el tabernáculo de lo *perfecto*, son el templo y la morada de Cristo aquí en la tierra.

Por lo tanto, el punto de partida del cuidado que demos al cuerpo no está en la prescripción de una dieta balanceada o en la estructura de un plan de entrenamiento con sus cargas bien medidas, sino en el motor del sistema de respuesta humano: el corazón. Lo ideal sería que cada hombre y mujer que se somete a un proceso deportivo o nutricional sepa en qué parte del mapa se encuentra respecto a qué es su cuerpo, para qué está diseñado y cuál es su fin. Si estas preguntas tienen una respuesta firme en la dirección de la gloria de Dios, entonces es un plan que transcenderá más allá de la báscula y la fotografía del antes y el después.

Hace unos días, en un momento de descanso, me detuve a ver una serie coreana con un formato de televisión de realidad[4] titu-

---

4. https://www.netflix.com/es/title/81587446

lada *Habilidad física*. Trata sobre cien personas con cuerpos dedicados al entrenamiento, entre las cuales se encuentran deportistas, atletas de alto rendimiento, *influencers* del *fitness*, fisicoculturistas, entrenadores, exmilitares, actrices, etc. El espectáculo comenzó en un espacio donde se encontraban cien esculturas que habían sido talladas exactamente al cuerpo de cada participante. El ambiente del lugar te transportaba a las ciudades griegas y sus emblemáticos cuerpos. El participante que entraba al escenario mencionaba la razón por la que estaba ahí. De muchas razones, una llamó mi atención. Parafraseándola, la razón era: «Estoy aquí porque tengo una alta *autoestima*, por lo tanto, confío en mi cuerpo. Además, quiero asegurarme de que no haya cuerpo más bello que el mío». De alguna manera universal, la razón de aquella joven es la misma de miles de cristianos que cuidan el cuerpo bajo esa premisa, ya sea de forma consciente o inconsciente. Tal cuidado corporal rige el estándar de aceptación para con ellos mismos y para con los demás. Es un peligro para el corazón que la identidad se abrace a lo que carecerá de valor (según los valores de este mundo) cuando las arrugas aparezcan, cuando se pierda la fuerza y la autonomía motora, y sea evidente que el fenómeno biológico del envejecimiento ha comenzado su proceso.

Como cristianos, estamos llamados no solo a cuidar el cuerpo, sino también a mostrar a Cristo a través de nuestros procesos de cuidado corporal. Estos procesos no deben caracterizarse por la exigencia de la *perfección corporal,* sino por la madurez espiritual de cómo Dios nos ha creado y la responsabilidad de llevar a la acción todo lo que esté a nuestro alcance en el desarrollo de una mayordomía corporal. Por eso debes asegurarte de saber en qué punto del mapa te encuentras. Muchos no lo saben y solo están caminando hacia una mejora corporal, pero sin valor alguno. ¿De qué vale cuidar el cuerpo y perder el alma? Además, ¿es posible que los que cuidan el alma descuiden el cuerpo? Veamos.

La MCB en acción

Antes de pasar al siguiente capítulo, te invito a que puedas rellenar el siguiente cuestionario para poner un punto de partida a tu viaje personal de la MCB. Saber dónde comenzamos es siempre una buena manera de empezar un plan y desarrollarlo con una progresión adecuada. Así se mide el progreso. El espacio en blanco está confeccionado para que puedas escribir tu respuesta si ninguna de las presentadas se alinea con tu sentir.

Este cuestionario lo rellenarás al finalizar la historia del cuerpo nuevamente. De esta manera, podremos ver el camino que hemos trazado.

Empecemos:

¿Dónde estás?

¿Cuán satisfecho estás con tu cuerpo?

a) Muy insatisfecho.
b) No pienso a menudo en ello.
c) Muy satisfecho.
d) ______________________.

¿Cómo considerarías tu peso corporal actual?

a) Bajo.
b) Ideal.
c) Más de lo que me gustaría.
d) Sobrepeso.

¿Cómo relacionas tu fe cristiana con el cuidado de tu cuerpo?

a) Considero que mi cuerpo es una parte integral de mi vida espiritual.
b) A veces lo descuido debido a otras prioridades.
c) ______________________.

¿Qué aspectos de tu salud física consideras que podrían mejorar desde una perspectiva bíblica?

a) Alimentación y ejercicio.
b) Descanso y manejo del estrés.
c) ______________________.

¿Qué desafíos enfrentas para adoptar un estilo de vida más saludable?

a) Falta de tiempo.
b) Falta de motivación.
c) ______________________.

¿Cómo percibes la conexión entre el cuidado del cuerpo y el servicio a Dios y a los demás?

a) Lo veo como una forma de glorificar a Dios.
b) No lo relaciono mucho con mi fe.
c) ______________________.

¿Qué aspectos de tu rutina diaria puedes ajustar para mejorar tu mayordomía corporal?

a) Tiempo de descanso y ejercicio.
b) Tiempo dedicado a la televisión y redes sociales.
c) ______________________.

¿Qué influencia crees que tiene tu entorno social en tus hábitos de salud?

a) Positiva, me anima a mantenerme saludable.
b) Negativa, me lleva a malos hábitos.
c) ______________________.

¿Cuáles son tus metas en términos de salud física y espiritual?

a) Equilibrar mi vida física y espiritual.
b) No tengo metas claras en este momento.
c) ______________________.

Responde brevemente:

- ¿Qué impacto crees que tiene tu mayordomía corporal en tu comunidad?
- ¿Consideras que el cuerpo es pecaminoso? ¿Por qué?
- ¿Cómo debería un cristiano ver su propio cuerpo?
- ¿Crees que dedicar tiempo al ejercicio es perder el tiempo?
- ¿Cómo conectarías la mayordomía corporal con Cristo?

Capítulo 2

Los llamados a ser santos también hacen sentadillas

Vaya, vaya, vas leyendo realmente con mucho ímpetu, me alegro que ya estés por aquí. Quiero pedirte algunas cosas para continuar con la lectura. En primer lugar, intenta leer más despacio de lo que sueles leer. No quiero que pases por el libro, quiero que las grandes verdades y los principios bíblicos que este libro contiene se anclen en tu corazón. Para eso necesitas leer con calma y con pausa.

En segundo lugar, quiero pedirte, para este capítulo, que leas en una silla y la coloques en el centro de un espacio donde te puedas mover con facilidad.

¿Lo tenemos?

¡Vamos a entrenar el corazón!

Siempre he tenido serias dificultades para estudiar matemáticas. Recuerdo a cada uno de los profesores que, tanto en la escuela como en la universidad, me impartieron esa clase de la cual tengo muchos recuerdos sabor a chocolate amargo 100%. Pero, cuando llegaba el jueves, en la escuela, mi corazón se emocionaba por que era el día de la clase de educación física. Me encantaba esa clase, y por supuesto, me sigue fascinando. Recuerdo a mi apreciado y querido profesor Elio, que con aquel chándal azul y el cronómetro en su pecho, nos enseñaba sobre deportes con implementos, y la hora que más disfrutaba era cuando llegaba el fútbol; eso, para un niño de diez años, era lo mejor del día. También tengo recuerdos de sus clases en la pizarra, mientras exponía la historia de la educación física y cómo la cultura griega influenció el pensamiento sobre el cuerpo y la vida deportiva.

Para los griegos, la actividad física formaba parte esencial de sus vidas. Era tan importante que una ciudad conquistada por el Imperio griego solo se constituía como ciudad si tenía los siguientes elementos: un teatro, una plaza pública y un gimnasio. A menudo, cuando consideramos el deporte, no podemos dejar de pensar de los Juegos Olímpicos (JJ. OO.). Desde sus inicios hasta la actualidad, los Juegos Olímpicos han marcado la historia del hombre en el terreno deportivo. Pero ciertamente los griegos se han adjudicado algo que nos les pertenece. Más adelante, haremos una observación más profunda al respecto.

El comienzo de la actividad física se remonta al Génesis, allá donde Adán y Eva ponían a toda marcha su corazón corriendo detrás de la bestias del campo, caminando entre los ríos, empujando la maleza, poniendo en orden los cultivos. Cuando Dios creó al hombre, lo creó con capacidades físicas y motoras que le permiten realizar movimientos y ejercer una fuerza sobre una resistencia, con capacidad de aplicar fuerzas de empuje y de tracción, y por supuesto, Adán y Eva sabían lo que era esto. Me encanta imaginar y pensar en ello. Cuando Adán y Eva estaban en el paraíso, su fisiología y propia naturaleza creada por Dios mismo los animaba sin duda de manera instintiva a salir corriendo detrás de algún animal, o incluso la propia necesidad de recreación del hombre lo llevaría a salir corriendo uno detrás del otro. Siempre ha existido la actividad física.

La OMS define la actividad física como cualquier movimiento corporal producido por los músculos esqueléticos, con el consiguiente consumo de energía. La actividad física hace referencia a todo movimiento, incluso durante el tiempo de ocio, para desplazarse a determinados lugares y desde ellos, o como parte del trabajo de una persona. La actividad física, tanto moderada como intensa, mejora la salud.[1]

Así que, desde el principio, ha existido el movimiento. Fuimos creados para movernos, para que, a través del estímulo del movimiento, nuestro cuerpo reaccione y efectúe aquello para lo cual ha sido creado. Cada proceso mecánico del cuerpo no solo debería asombrarnos por sus capacidades, sino que tales destrezas y agilidades apuntan a su Creador. A menudo nos maravillamos del cuerpo, pero olvidamos a su Diseñador. Es increíble ver correr a un velocista en una pista de cien metros lisos; es extraordinario ver la flexibilidad que el cuerpo puede llegar adquirir en un proceso gimnástico; es maravilloso cómo el cuerpo puede soportar un ritmo aeróbico en una maratón; pero esos no son más que destellos de las capacidades perfectas, inmutables, asombrosas e incansables del Creador del cuerpo.

La caída de la actividad física

Después de que Adán y Eva pecaran, la actividad física no volvió a ser la misma. Después de la caída del hombre, todas nuestras capacidades han quedado terriblemente dañadas. Nuestro cuerpo no funciona del modo correcto, nos enfermamos, envejecemos y acabamos muriendo. Nuestro corazón tiene alterado su sistema de creencias y valores, y sus efectos en la dimensión espiritual de nuestra práctica deportiva y el ejercicio son evidentes. Nos ejercitamos por amor a nosotros mismos, por una meta temporal, por aparentar fortaleza a quienes nos rodean, pero casi nunca para la gloria de Dios. A menudo, pensamos que hacer ejercicio no tiene una intervención espiritual. Pero no podemos cuidar el cuerpo sin una doctrina del cuerpo. En otras palabras, no podemos realizar una actividad deportiva sin conocer el estado de nuestro corazón

1. Organización Mundial de la Salud, «Actividad física». http://www.who.int/es/news-room/fact-sheets/detail/physical-activity

frente a esa actividad. Sería como querer volar en un avión que solo tiene un ala. Imposible.

Cuando el pecado entró al mundo, afectó cada una de las áreas de nuestro corazón. Eso abarca nuestras acciones. La voluntad del hombre está sometida bajo el sistema que se ha comprometido a no adorar a Dios, sino más bien a sí mismo, a lo que es capaz de hacer, o al hecho simple del hacer. En muchas ocasiones, una actividad físico-deportiva es lo que tu cuerpo necesita, pero la inmadurez espiritual de tu corazón pervierte el desarrollo de una actividad legítima y la vuelve ilegítima. Por esa razón, el verdadero problema no está en el ejercicio; el problema está en tu corazón y el mío.

Recuerdo cuando iba a jugar fútbol en Honduras con algunos de los hermanos de la iglesia. Nos disputábamos tremendos partidos que nunca olvidaré. Tenía alrededor de diez años cuando comencé a participar en los partidos de los adultos. Siempre veía a un hermano que era un hombre realmente respetuoso y firme, servía en la iglesia con devoción, pero en el campo de juego se alteraba por el roce del partido. Pasaron los años y me atreví a lanzarle la pregunta que desde niño deseaba hacerle. «¿Por qué no volvió a jugar con nosotros?». Aún recuerdo su respuesta: «Mi corazón no está preparado para recibir el roce futbolístico de un querido hermano».

El hermano al cual le hice esa pregunta es mi padre. Y hasta el día de hoy, veo a mi padre disfrutar de un partido de fútbol pero desde la comodidad del sofá de su casa.

En ocasiones, nuestro corazón no tiene la madurez espiritual necesaria para el desarrollo de acciones deportivas legítimas. Hemos de recordar las palabras del apóstol Pablo a los corintos: «Todas las cosas me son lícitas, más no todas convienen…» (1 Cor. 6:12).

En el ejercicio de la libertad cristiana, hemos de comprender y discernir que hay acciones legítimas que implícitamente contribuyen a la destrucción del carácter por lo *perverso* del corazón que las practica. No todo lo legítimo es conveniente en el desarrollo de una vida saludable. Una actividad saludable bajo la perspectiva de la mayordomía corporal bíblica es insalubre cuando destruye el carácter y me acerca a mis deseos engañosos.

Identifica el tipo de proceso

En la mayordomía corporal bíblica no solo está implícita toda la diversa gama de hábitos saludables, sino también lo que yo llamo *hábitos saludablemente bíblicos*. Los hábitos saludablemente bíblicos se definen como la *evidencia* espiritual de una acción corporal, o también, como el fruto espiritual sin resultados corporales o físicos dentro de un proceso saludable. Déjame ponerte un ejemplo de ambos casos.

Caso 1: Una persona cuida su cuerpo (acción) porque conoce quién la creó (evidencia espiritual). La evidencia espiritual es el motor de la acción corporal. En este caso, la evidencia espiritual es profunda y real. Existen muchos casos en donde hay un cuidado corporal sin esta premisa; ese es el cuidado que el mundo da al cuerpo. Tal cuidado (aunque bueno para el cuerpo) es una carga para el corazón. Es todo lo contrario a la mayordomía corporal bíblica. La evidencia espiritual de la acción del cuidado corporal es que dicho cuidado debe llevarse a cabo con un corazón inclinado a la exposición diaria a las Escrituras en la cotidianidad de tales acciones.

Es necesario que en cada fase del proceso saludable recuerdes cuál es tu propósito de vida en medio de ese microproceso: tú y yo vivimos y nos movemos para la gloria de Dios. No podemos bajo ningún concepto vivir de otra manera. En el momento en que tu proceso saludable tome otro rumbo, debes detenerte, meditar y orar al Señor con todas tus fuerzas para que no pierdas la dirección en un camino tan resbaladizo y lleno de opiniones como lo es el del cuidado corporal. Debes ser intencional en ello. No puedes permitir que la influencia del *fitness caído* someta tu corazón. Sométete a lo que Dios dice sobre tu cuerpo, y camina con pie de plomo en tu mayordomía.

Caso 2: Una persona come con prudencia (fruto espiritual: *dominio propio*) pero aun así, no logra perder peso (aparente ausencia de resultados). Sin duda alguna, la pérdida de peso es un proceso multifactorial; hay muchas variables a considerar en tal escenario. Pero este caso es la realidad de muchos. Posiblemente, haya alguna alteración metabólica que imposibilita la pérdida de peso, pero aun en medio de esas limitaciones, la mayordomía corporal bíblica siempre produce frutos. En muchas ocasiones, los frutos de la mayordomía corporal bíblica no son evidentes a la vista, porque sus resultados a menudo se producen en el corazón.

Conozco personas que comen balanceado, se ejercitan regularmente y tienen diabetes. Aunque la mayordomía que ejercemos sobre el cuerpo que el Señor nos ha dado no sea evidente, para nuestro Señor y Creador siempre será evidente. La mayordomía corporal bíblica no se trata de lo mejor que puedo llegar a ser (esto no me exime de dar mi mejor esfuerzo), sino de lo fiel que puedo ser en medio de mis propias limitaciones para con Dios.

Tenemos que aprender a ver la mayordomía corporal bíblica como parte del proceso de *santificación progresiva* que el Espíritu Santo realiza en nosotros. Cada atributo de Dios debe marcar claramente la dirección de mis hábitos saludables. Comer con *santidad,* ser *fieles* al proceso para Su gloria. Los hábitos saludables pueden ser realizados por cualquier persona, pero los frutos saludablemente bíblicos son la pura obra del Espíritu Santo en nuestras vidas. No son mis frutos, son Su fruto, y ver Su fruto en mi proceso saludable es una clara evidencia del camino de la MCB.

La MCB en acción

El descanso es importante; en la lectura también cuenta.

¡Vamos a movernos para Su gloria!

El entrenamiento de fuerza es una de las maneras en las que preservamos la masa muscular y, por lo tanto, la calidad de vida física de un individuo. La metodología del entrenamiento de fuerza (EF) es una de las mayores propuestas con gran evidencia científica al respecto. El EF puede aumentar los niveles de masa muscular, disminuyendo los niveles de masa grasa, y también disminuye los ácidos grasos en sangre y la glucemia.

Además, el EF mejora el gasto calórico, regula la tensión arterial y mejora el consumo de oxígeno. Este entrenamiento puede ser incorporado en aquellas poblaciones donde hay fibromialgia, Parkinson, esclerosis múltiple y algunas otras afectaciones neuromusculares graves.

> Nota del autor: a veces, oramos a Dios para que mejore nuestra salud, para que cambie tal o cual circunstancia en nuestro cuerpo, pero a menudo Él contesta a Sus hijos de la siguiente manera: «Muévete más, hijo, haz un poco de ejercicio, come con equilibrio». Dios siempre contesta nuestras oraciones.

Rutina

Vamos a realizar uno de los ejercicios básicos de fuerza de tren inferior: la sentadilla. Para comenzar, podemos hacerlo desde la silla donde estamos ahora mismo sentados. La sentadilla es un ejercicio realmente completo para nuestro tren inferior. Sus altas demandas energéticas son estupendas para reclutar muchas fibras musculares y mejorar el tono muscular y nuestra fuerza.

Sigue las siguientes instrucciones.

Posición de partida: Sentado en la silla, coloca tu glúteo justo antes de llegar al borde del banco.

Tus pies, por norma general, deben estar a la misma anchura de tu cadera. Hay muchas variables que personalizan la sentadilla, pero de manera general, colocar los pies a la misma altura de la cadera funciona bien.

Rota tus pies ligeramente hacia afuera; esto ayudará a que tus rodillas ejecuten de forma mecánica el movimiento con mayor fluidez y mejorará tu capacidad de empuje.

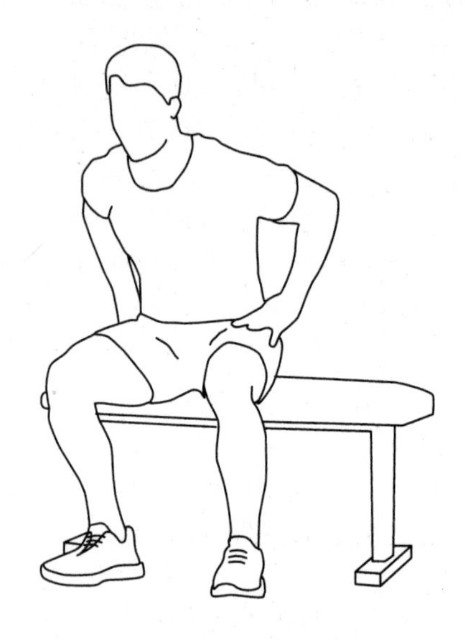

Gráfico 1

Fase de empuje:

1. Coloca los pies a la misma amplitud que tus hombros.
2. Haz una rotación externa muy ligera de tus pies para situar los dedos pulgares en la misma dirección que tu rodilla.
3. Toma aire (apnea).
4. Contrae o aprieta bien el abdomen.
5. Flexiona ligeramente las rodillas y a la vez flexiona la cadera de manera sutil hacia atrás.
6. Lleva el glúteo a la silla, como si quisieras tocar con tu glúteo (no te dejes caer).
7. Empuja con tus pies hacia arriba, y exhala al final del recorrido.
8. Contrae el glúteo y el abdomen al finalizar el empuje.

Carga del entrenamiento:

Series	Repeticiones	Descanso	Fecha	Progreso
4	12	90''		+ series, - descanso, - reps. + series. Puedes agregar un movimiento que dificulte la sentadilla; por ejemplo, un *Thrusther* (empuja tus manos hacia arriba en sinergia con tu sentadilla; puedes hacerlo al inicio sin peso).

***Nota de tu entrenador*:** Puedes utilizar la tabla como registro del aumento progresivo del volumen de tu entrenamiento. Esto te ayudará a saber cuánto ha mejorado desde tus primeras sentadillas hasta lo que te espera. Debo informarte también que la progresión de nuestros entrenamientos está diseñada para un aumento de la carga después de un mínimo de dos semanas. Es decir, intenta mantenerte al menos dos semanas con la rutina que vayas encontrando en cada capítulo. Cada capítulo contiene una progresión detallada para que al finalizar este libro hayas dado un avance significativo en todo lo que *eres. Avanza con tranquilidad, paciencia y constancia.*

No lo tomes a la ligera

El peregrinaje de la vida cristiana incluye la transformación del *ser* en todo su esplendor. Un seguidor de Cristo debe caracterizarse por abrazar la verdad plena de las Escrituras. A menudo, una mala concepción del cuerpo nos lleva a descuidarlo, y una errónea concepción del cuerpo es una distorsionada imagen de Dios. La mayordomía de nuestros cuerpos es un producto de la *renovación* de la mente. Como menciona el apóstol Pablo:

> Porque la ira de Dios se revela desde el cielo contra toda impiedad e injusticia de los hombres que detienen con injusticia la verdad (Rom. 1:18).

Antes, nuestro cuidado corporal (si es que lo teníamos) era un proceso de adoración a nosotros mismos. Tergiversamos el mensaje oportuno de la mayordomía por uno que se acomode a la manera más fácil en la que mi autoestima sea celebrada y no sometida a la estima de Cristo. Podemos detener la verdad de la mayordomía corporal bíblica con mensajes pasivos frente a la acción diligente que cada cristiano debe ejercer en cuanto a lo que le *pertenece* a Cristo. Pero también podemos detenerla con formatos y modelos de cuidado corporal que elevan el cuerpo por encima de lo que verdaderamente es, o que posicionan al hombre como el centro de tal proceso. El cuidado que se proporciona al cuerpo desde esa base no es mayordomía, es tiranía corporal. La tiranía corporal es la forma en la que el mundo cuida el cuerpo. Las grandes campañas de *marketing* de la industria se enfocan en colocarte la corona y el cetro de tu reino «saludable», constituyéndote en un usurpador de gloria.

Para el *fitness* caído, el cuidado corporal es un producto más del mercado. Para el cristiano, es un acto de obediencia a su Creador. Hemos de ser insistentes en toda la artimaña de error que hay detrás de toda la tecnología del *neuromarketing* que llega a grandes y pequeños, cristianos y cristianas que, sumergidos en las redes sociales, no son capaces de discernir que muchos procesos saludables revestidos de autodeterminación del cuidado corporal son la manera de gritar al cielo: «¡Yo soy dueño de mi cuerpo y lo cuido —o no— como bien me parezca!».

En su libro *Lo que Dios dice sobre nuestros cuerpos*, Sam Alberry menciona: «La mayordomía de nuestros cuerpos es importante. Le pertenece a Cristo. No es poco espiritual pensar en nuestra salud, alimentación, descanso y ejercicio».[2]

La mayordomía corporal bíblica es un acto de obediencia; es fruto de una verdad que se genera en la transformación y la nueva vida de la persona que cree en Cristo. En su carta a los efesios, el apóstol Pablo transmite verdades teológicas destinadas a la identidad de la nueva vida en Cristo. Leemos:

> En cuanto a la pasada manera de vivir, despojaos del viejo hombre, que está viciado conforme a los deseos engañosos, y renovaos en el espíritu de vuestra mente, y vestíos del nuevo hombre, creado según Dios en la justicia y santidad de la verdad (Ef. 4:22-24).

Antes de conocer a Cristo, teníamos una manera de vivir, patrones de conductas insalubres que producían hábitos (en todo el sentido de la palabra) que no lo glorificaban. Estos hábitos que se originan producto de un carácter del corazón no rendido a Cristo están liderados y dirigidos por los *deseos engañosos*. Puedo creer tener hambre, pero realmente tengo ansiedad. Puedo creer que el ejercicio es saludable para mí, pero lo que verdaderamente deseo es cambiar el cuerpo que no acepto ver en el espejo. Por esa razón, los cristianos que antes desvalorizaban las acciones saludables para con su cuerpo ahora deben realizarlas con un corazón piadoso, velar por las intenciones de su corazón y en cada acción saludable afirmar la persona de Cristo en su vida integralmente.

No es una opción para el cristiano ser mayordomo de su cuerpo; el cristiano *es* mayordomo del cuerpo que Dios ha dejado en sus

---

2. Sam Alberry, *Lo que Dios dice sobre nuestros cuerpos* (Nashville, TN: B&H Español, 2022), pág. 169.

manos, y cuidar lo que Dios pone en tus manos es un acto que debe ser llevado a cabo con toda responsabilidad, santidad e integridad de corazón, ni más ni menos.

Puede ser que para muchos —como a mí en mi clases de matemáticas— la actividad física o lo que representa el sentido de la palabra *movimiento físico* no sea de un sabor agradable, sino áspero y difícil de digerir al principio, pero después de dar el primer paso, te darás cuenta de que incluso eso que no nos apetece tanto hacer, cuando tiene un sentido mayor a la temporalidad de esta vida, entonces vale la pena los esfuerzos necesarios para conseguir adherencia y consistencia en un proceso saludable. No siempre lo que debes hacer tiene que gustarte.

Entre las conversaciones con los miembros de la iglesia y demás amistades, he podido percibir que hay un gran número de personas que visualiza el ejercicio como un momento de ocio saludable. Esta idea sobre el entrenamiento y el ejercicio físico es un grave error. Debes saber que el entrenamiento no está diseñado para divertirte; está diseñado para que aprendas disciplina, para que sepas medir tus esfuerzos, para que veas por ti mismo que no lo puedes todo. Eso no divierte al corazón. He sido testigo de cómo una barra olímpica y 200 kilos de carga en el trapecio derriban las piernas más fuertes, pero también las más poseedoras de orgullo y gran ego. Así que, definitivamente, el ejercicio no tiene por qué gustarte para que lo hagas.

El ejercicio físico forma parte del abanico de opciones de una correcta mayordomía corporal. Sin embargo, podrías estarte preguntando: ¿solo a través del ejercicio puedo cuidar el cuerpo? La respuesta es: no. No solamente a través del ejercicio cuidas el cuerpo. Pero no puede haber cuidado corporal en su máxima expresión sin actividad física. Ora al Señor para que te dé el ánimo y las fuerzas necesarias para dar los primeros pasos en tu mayordomía corporal bíblica para Su gloria. No olvides que los llamados a ser santos también pueden hacer sentadillas.

Capítulo 3

Somos mayordomos y nada más

En la década de los ochenta, se calculó cuántos mayordomos había en Inglaterra; en concreto, en la capital británica, Londres. Se llegó a la estimación de que unos cien mayordomos prestaban sus servicios a las familias más adineradas de la zona. En el año 2015, se realizó de nuevo un censo para corroborar el número de mayordomos, y la cifra había subido a 10 000 mayordomos aproximadamente.[1]

En Holanda está la sede de la Academia de Mayordomos. Allí se entrena durante unas ocho semanas a un número seleccionado de hombres y mujeres de entre dieciocho y sesenta y cinco años, que pagan la cifra de 13 250€ para desarrollar las técnicas y agilidades necesarias para, al final, ser certificados como mayordomos y servir en el desarrollo doméstico en las casas de los grandes políticos, de la realeza y de aquellos con gran poder adquisitivo.[2]

¿Por qué estas personas están interesadas en pasar por este entrenamiento? ¿Por qué pagar una suma tan alta de dinero para ser mayordomo? La respuesta es: el retorno de la inversión. Un

1. https://www.lavanguardia.com/magazine/experiencias/20220124/8002260/asi-international-butler-academy-harvard-mayordomos.html
2. https://www.butlerschool.com

mayordomo, según el periódico *El país,* gana cada año la suma de 98 000€ aproximadamente.[3]

Tú y yo pasamos por un entrenamiento que comienza en el nuevo hombre creado según Dios, un hombre capacitado con las destrezas y agilidades necesarias para servirlo y honrarlo con lo que ha puesto en nuestras manos. Lo asombroso de ello es que en este entrenamiento no has tenido que pagar nada en absoluto. El dueño y propietario del cuerpo te capacita a través de Su obra en la cruz. La paga de aquellos mayordomos es una cuantía de dinero bastante alta, pero la paga de los cristianos que ejercen la mayordomía con eficacia es la gloria de su Dios.

Durante toda la historia de la humanidad, hemos buscado nuestra verdadera identidad. Algunos se han osado a dictar cuál es la verdadera identidad del hombre, y podríamos mencionar:

- Somos lo que nuestro corazón dice.
- Somos lo que pensamos.
- Somos lo que el sistema dicta.
- Somos lo que la familia dice.

Para el cristiano, estas percepciones de qué somos pueden ser motivos de información, pero no son concluyentes. El cristiano encuentra su identidad en la revelación escrita de su Señor y amo, en la Biblia. ¿Qué somos? Para averiguarlo, hemos de ir al principio de todo, donde comenzó la historia del hombre, a Génesis.

> Entonces dijo Dios: Hagamos al hombre a nuestra imagen, conforme a nuestra semejanza; y señoree en los peces del mar, en las aves de los cielos, en las bestias, en toda la tierra, y en todo animal que se arrastra sobre la tierra. Y creó Dios

---

3. *El País.* Annia Montiel, «Quiero ser mayordomo». 21 de enero de 2017. https://elpais.com/elpais/2017/01/22/eps/1485039924_148503.html

> al hombre a su imagen, a imagen de Dios lo creó; varón y hembra los creó. Y los bendijo Dios, y les dijo: Fructificad y multiplicaos; llenad la tierra, y sojuzgadla, y señoread en los peces del mar, en las aves de los cielos, y en todas las bestias que se mueven sobre la tierra (Gén. 1:26-28).

Nuestro pasaje abarca verdades profundas. En primer lugar, somos *hechos a Su imagen.* Somos portadores de la *imago Dei.* Esto da al ser humano un valor intrínseco; es un ser creado con un valor diferente a todo lo demás. En segundo lugar, encontramos el mandato cultural que Dios da al hombre: gobernar la creación como reyes bondadosos; esta actividad expresa que los seres humanos llevan la imagen del Rey Creador. Sin embargo, debido a los efectos del pecado, las personas caídas con frecuencia distorsionan esta actividad y la convierten en un despotismo.

Erich Fromm, uno de los pensadores de mayor influencia en el siglo XX, señala al respecto:

> La libertad positiva implica también el principio de que no existe poder superior al del yo individual; que el hombre representa el centro y el fin de la vida.[4]

Esta frase enarbola todo lo que está en contra de la Escritura, pero a menudo nuestro cuidado corporal funciona de esa manera. Olvidamos que somos mayordomos, y perseguimos el cuidado corporal con la bandera de la libertad positiva y declaramos con nuestros hábitos que no existe poder superior a nosotros mismos, y que el centro y el fin del proceso es el yo.

---

4. Erich Fromm, *El miedo a la libertad* (Barcelona, España: Ediciones Paidós, 2004), pág. 373.

Ser saludable no es suficiente

Como mayordomos de nuestro cuerpo, tenemos que comprender que la mayordomía no siempre es un acto medible desde el punto de vista deportivo o nutricional; es decir, nuestro cuerpo no exhibirá el resultado de tal mayordomía en numerosas ocasiones. Muchos incrédulos gozan de un cuerpo con un aspecto realmente saludable, comen balanceado y duermen muy bien, pero ¿es suficiente? No, no lo es. Por otra parte, muchos creyentes cuidan y administran lo mejor que pueden sus cuerpos, pero aunque el macroobjetivo que envuelve tal cuidado a menudo parece ser piadoso, no es así.

Recuerdo una entrevista que realicé a una joven que estaba interesada en el servicio de entrenamiento personal cuando era entrenador de un club en Barcelona, España. Mis preguntas suelen tener una misma estructura, así que lo recuerdo a la perfección:

—¿Por qué quieres comenzar a entrenar?
—Para mejorar mi salud.
—¿Por qué deseas mejorar tu salud?
—Para sentirme bien conmigo misma.
—¿Por qué quieres cambiar la dieta?
—Para mejorar mi salud.
Por fin, le pregunté: —¿Por qué quieres cuidar tu salud?
—Porque la salud no tiene precio.

A simple vista, estas respuestas parecen estar dentro de un contexto saludable y no tienen ningún trasfondo antibíblico, ¿no? Pero profundicemos un poco. La base de la mayordomía corporal bíblica radica en dos elementos que convergen en un propósito.

El primer elemento es el *cuerpo*, el sujeto a quien se aplica nuestro segundo elemento, el *conocimiento*, la ciencia que aplicamos al cuerpo. Dicho de otro modo: cuidamos un cuerpo que no nos pertenece, aplicando una ciencia que no es nuestra, con la sola y única razón de que el propietario de estos recursos sea expuesto con todo su esplendor antes, durante y hasta que el proceso llegue a su fin temporal en esta tierra.

No quiero de ninguna manera que pienses que entrenar por salud está mal. No, nada más lejos de la realidad. Lo que quiero evidenciar es que el eje y la norma de la mayordomía corporal bíblica se rigen por la gloria del Creador, y no por el dios de la salud. No entrenamos ni comemos bien por salud; ejercemos estos hábitos con la finalidad de que Cristo sea reflejado en nuestra saludable manera de vivir. Y si en medio de todos esos procesos, Dios nos concede la bendición del resultado saludable, gloria a Dios, pero si mi proceso no tiene los resultados de mis expectativas, si entreno por salud, lo más probable es que pierda adherencia y fidelidad al proceso. Porque, quien entrena por salud, si no cosecha lo que lo motiva (la salud) dejará de entrenar el día que no obtenga lo deseado. En cambio, quien entrena y promueve hábitos saludables revestido de esta coraza de la mayordomía corporal bíblica, su esperanza y fidelidad no está basada en la realización de objetivos terrenales, sino más bien en que su Dios sea expuesto en la fidelidad y la constancia, con y sin resultados.

Los resultados saludables no pueden determinar el grado de fidelidad que tienes al proceso. Si hago ejercicio y no pierdo peso, lo dejo. Si comienzo esa dieta y no pierdo tallas, la abandono. No; el cristiano no funciona así. El cristiano vive para la gloria de su Señor más allá de las circunstancias del proceso saludable y en su vida misma.

Tenemos que aprender a vivir con perspectiva eterna en medio de la temporalidad de los hábitos saludables. El mayordomo fiel sabe que su satisfacción no se encuentra en la mejora del cuerpo o en los resultados de tales obras, sino en glorificar a través de esas buenas obras al Creador del cuerpo; eso produce contentamiento.

Querer cambiar hábitos está bien, pero someterse al cambio es mucho mejor. Comer saludable está bien, pero *ser* saludable es mucho mejor. Buscar la excelencia es noble, pero ser fiel es la meta. Siempre habrá motivos para abandonar el proceso. El apóstol Pablo, en su carta a los filipenses, lo sabía:

> Pero cuantas cosas eran para mí ganancia las he estimado como pérdida por amor de Cristo (Fil. 3:7).

En el proceso saludablemente bíblico del cristiano que se somete a la mayordomía corporal bíblica, es idóneo recordar que en la vida cristiana, perder es ganar, que el más pequeño es el más grande y que para vivir, hay que morir. Tan solo recuerda que el evangelio tiene implicaciones en cada una de las áreas de nuestra vida. ¡Vívelo! Sé fiel a tu Señor en tu cuerpo y en tu espíritu.

Ser saludable no es suficiente; ser fiel es la meta. La suficiencia del proceso está en darle la gloria a Dios siempre, pero solo un corazón fiel a las Escrituras y al Dios que se revela en las Escrituras podrá soportar las embestidas de los golpes bajos del cuidado corporal.

La MCB en acción

Una de las maneras de mejorar en el entrenamiento es aplicando lo que se conoce como *sobrecarga progresiva.* Esto simplemente es aumentar el volumen en sus diferentes formas en el entrenamiento/rutina que se está aplicando. En concreto, en los capítulos anteriores, caminamos e hicimos una iniciación a la fuerza en el tren inferior. Ahora, vamos a unir ambas secciones, lo que nos dará un circuito muy dinámico.

¡Vamos!

Rutina

Sigue las siguientes instrucciones:

Vamos a empezar con un tipo de entrenamiento llamado AMRAP (*As Many Reps As Possible* [tantas repeticiones como sea posible]). Este entrenamiento consiste en realizar la mayor cantidad de rondas posibles en un tiempo determinado. Una ronda es equivalente a realizar toda la carga de repeticiones de cada ejercicio. En esta ocasión, realizaremos lo siguiente:

Gráfico 3

AMRAP 10 minutos

- 10 repeticiones de marcha: la marcha consiste en flexionar las rodillas tan alta como puedas sin movernos del lugar. (Contarás cada repetición de la marcha cuando la rodilla derecha flexione). Inmediatamente, pasarás a:
- 10 sentadillas.

Recomendaciones y recordatorios:

- Coloca un cronómetro visible para que puedas ir vigilando el tiempo.
- Si notas demasiada exigencia, descansa 30/40 segundos por cada ronda conseguida.

- Recuerda que una ronda es igual a completar 10 marchas y 10 sentadillas.
- Valora la percepción del esfuerzo, donde 1 es muy poco y 10 es muy exigente.

Tipo de entreno:	Duración	Carga	Fecha	Percepción del esfuerzo 1-10
AMRAP	10′	10 marchas + 10 sentadillas		

***Nota de tu entrenador*:** Si ya tienes cierta experiencia en el entrenamiento y te resulta muy básico este inicio, puedes añadir carga a tu sentadilla y cambiar la marcha por un *skipping* potente. Puedo asegurarte que solo este cambio transformará el entrenamiento. De lo contrario, te animo a que perseveres en lo poco. No necesitas «machacarte hasta terminar en el suelo»; *necesitas entrenar con sabiduría y constancia.*

El problema del cuidado corporal

Siempre quise jugar al ajedrez. Desde que llegó mi padre a Barcelona, al menos una vez a la semana nos reunimos y jugamos juntos en ese hermoso tablero de madera. Debo confesarte que al principio me daba unas palizas tremendas, aunque la cosa tampoco ha cambiado mucho. En dos movimientos. Sin pestañear. No era capaz de saber cómo, pero siempre terminaba en jaque mate. Ahora, después de más de un año de jugar juntos, puedo decirte que al menos ya complico un poco la partida. Eso, para alguien que movía un peón como un alfil, es un lujo.

Pero en el ajedrez no corres peligro; puedes equivocarte tantas veces como quieras. Después de todo, es un juego. El problema está cuando en la vida nos movemos como reyes, siendo peones. Podemos hacerlo de distintas maneras:

- Comiendo en exceso.
- Dando rienda suelta a la pereza.
- Siendo inconstantes en los hábitos saludables.
- Sin rendición de cuentas en esa área de tu vida al Señor.

En fin. No es necesario que nos hagan jaque mate; ya nos lo hacemos nosotros mismos.

Ese el problema del cuidado corporal, que adoptamos una identidad que no nos pertenece. Transformamos un acto de adoración en un acto de profanación. Al final de cuentas, el propósito de todo lo que hacemos es la gloria de nuestro Señor.

La mayordomía no es un tema que sea del agrado de la sociedad actual, que se encamina en un rumbo totalmente opuesto a lo que la mayordomía refiere. Ser mayordomos en nuestra generación no solamente supone un reto; te diría que es un acto revolucionario hacia la guerra de *cosmovisiones* que vivimos en esta era *posmoderna*. El ejercicio de la MCB provocará que el cuidado corporal sea un acto de obediencia y gratitud al Creador del cuerpo. No debería ser de ninguna manera un castigo, y mucho menos convertirse en un culto al propio cuerpo; eso sería en todo caso una insubordinación de la cosa creada para con el Creador.

Aunque nada cambie, si yo cambio, todo cambia. Para el cristiano, su mayordomía nace y se cumple en la sujeción a su Señor. Mi corazón es el centro de la controversia, pero la mayordomía corporal bíblica tiene su punto más alto, su clímax está en la revelación del evangelio en cada paso que damos en este camino hacia la ciudad de Dios. Ejercítate con esto en mente y forjado en tu corazón. Entonces, y solo entonces, harás de la vida saludable algo más que saludable, la volverás un acto de adoración al Creador.

Jesús redime nuestro sistema de creencias caído. En lugar de ver el cuidado corporal a través de un sistema fundamentado en el valor que le da el mundo a los actos cotidianos, los hábitos saludables, el desarrollo de avances tecnológicos y culturales o la conclusión de tal o cual gurú, el cristiano ve el cuidado corporal a través de Aquel que fue clavado en la cruz. En Su gran bondad, el Creador del cuerpo nos ha capacitado para conocer cómo funciona lo que Él creó, y nos arropa con Su amor en procesos saludables que a menudo no hacen más que mostrarnos la corrupción y torpeza del corazón caído. Los cristianos creen que las personas no son el centro del universo, por lo tanto, tampoco lo son en sus procesos y actos ordinarios como el ejercicio y una dieta balanceada.

Cristo encamina nuestra mayordomía para que a través de la fe en Él, nuestros actos saludables pasen de ser trapos de inmundicia a olor fragante en obras que Él ha preparado de antemano para que andemos en ellas. No tienes que buscar las obras buenas; Dios las tiene listas para que andes en ellas. Solamente debes estar con tus ojos bien abiertos para poder estar solícito en el desarrollo de hábitos saludables y bíblicos. A menudo, creemos que tenemos que comenzar por algo novedoso, lo que marca la tendencia de la industria, pero no debería ser así. Lo que nuestra mayordomía necesita es un plan sencillo, pero un plan; un plan que permita adherencia y consistencia en el tiempo, de manera que podamos crecer en disciplina, constancia y fidelidad a Cristo en medio del proceso saludable. Una mayordomía prudente es una mayordomía que tiene un plan.

La mayordomía corporal bíblica es un plan que tiene un solo propósito: darle gloria a Dios en medio del proceso. Esta estructura de pensamiento regula nuestro corazón en base a lo que Dios demanda de Sus hijos respecto al cuidado corporal. En muchas ocasiones, he podido observar cómo las personas abandonan el proceso por no llegar a sus *expectativas.* Esto ocurre porque el corazón se aferra al sistema de valores del mundo que indica cuándo un proceso es exitoso. En la MCB, un proceso es exitoso cuando, a pesar de la ausencia de resultados físicos, el corazón recuerda el propósito de su existencia: adorar a su Creador en todo tiempo, con o sin resultados. Los cristianos distinguen sus hábitos saludables de esa manera; son fragmentos de adoración diaria. Los hábitos y el día a día son el escenario donde el cristiano promueve un ecosistema de adoración continua, de tal manera que cuando el no creyente observa la vida saludable de un cristiano, pueda ver cómo debe llevarse a cabo la vida saludable en esta tierra.

Sé que para todos nosotros la consecución de objetivos puede ser parte del combustible que nos continúe manteniendo en la línea del proceso. Para aquellos estudiantes que lo daban todo por ser capacitados en la academia de mayordomos, su objetivo final no solamente era obtener la certificación, sino que las grandes corporaciones y las familias más adineradas del mundo eligieran su currículum como prospecto para servirlas, y por supuesto, obtener una estratosférica propuesta como pago por sus servicios. Para los nacidos de nuevo, el alcance de objetivos saludables y físicos es un regalo del Señor en Su bendita providencia. Para todos aquellos que han abrazo la cruz, que creen en el Dios que se hizo hombre, el objetivo final es escuchar aquellas palabras que traspasan el cuerpo y el alma:

> Su señor le dijo: Bien, buen siervo y fiel; sobre poco has sido fiel, sobre mucho te pondré; entra en el gozo de tu señor (Mat. 25:23).

Estas palabras tienen un valor inmensurable comparado con lo que la báscula o la talla de camisa puedan darte. Mantente fiel no por las dádivas temporales, sino por escuchar esas palabras de Su boca.

Capítulo 4

Planifica o muere en el intento

Después de una larga jornada de estudio personal de la historia de la educación física y el cristianismo, tuve que ir a recoger a la escuela a mi hija, bañarla, calentarle la comida, orar juntos y acompañarla a dormir. Prácticamente esa es mi tarde de lunes a viernes. Está organizado de manera *sistemática*. Una rutina da descanso y orden en las acciones diarias. Créeme que, con una niña pequeña, lo notas.

La planificación es clave para el desarrollo de la mayordomía. En el ejemplo anterior, si no planifico y estructuro el tiempo con mi hija, quien pagará el precio por la mala gestión será ella, como protagonista, y yo, como el adulto irresponsable que no hace lo que tiene que hacer. Lo mismo sucede en la competencia o el sector de los hábitos saludables: una acción que se ejecuta sin consejo y planificación lo más probable es que carezca de dirección y propósito. Proverbios 20:18 lo señala de la siguiente manera: «Los proyectos con *consejo* se preparan, y con dirección *sabia* se hace la guerra» (LBLA, énfasis añadido).

Cuando el proyecto «saludable» no está guiado por el consejo bíblico y sí por el *deseo subjetivo*, terminarás abandonando cuando te parezca de forma subjetiva y, por lo tanto, las consecuencias serán exhibidas en tu vida, en la de quienes te rodean y, en última instancia, en la exposición del evangelio en tu vida de una manera errónea. Esto es lo que llamo la *progresión cíclica de una mala mayordomía.*

Deseo subjetivo → Acción subjetiva → Abandono → Consecuencias

Figura 2. Esta cadena es el efecto dominó de una vida saludable fundamentada en el corazón y no en la Escritura.

Ejemplo: Una persona quiere perder peso. Hace ejercicio. Ya no desea hacer ejercicio. Abandona.

Y así puedes pasarte media vida.

En cambio, cuando el *deseo* nace por la observación de la Escritura, la *acción* se sujeta a la norma bíblica. La *rendición de cuentas* ya no recae sobre mi persona como agente y juez de la acción y habito saludable, sino sobre el *Creador* del cuerpo y la ciencia que aplico al mismo, Cristo.

Deseo: administrar el cuerpo para la gloria de Dios.

Acción: planifico y ejecuto un programa adaptado al tiempo y el contexto en los que Dios me ha puesto.

Abandonar: es una probabilidad a causa del pecado residual y este mundo caído, pero tu compromiso ya no es contigo mismo, sino que está sujeto a la norma bíblica y al deseo dado por la observación de qué es el cuerpo según las Escrituras. Por cierto, Dios desea fervientemente que hagas Su voluntad.

Consecuencias: en medio de mi fidelidad, el carácter de Cristo se forma en mi vida a través de una actividad que exprime lo que hay en mi corazón.

La voluntad de Dios es que seas un fiel mayordomo del cuerpo que Él diseñó para ti. La mayordomía que se te exige es una mayordomía *individualizada,* que se caracteriza por el contexto en el que te encuentras, el tiempo que Dios mismo te ha prestado, los recursos financieros que te ha provisto… en otras palabras: Dios te ha equipado con los recursos necesarios para el estándar de mayordomía que Él demanda de tu vida como siervo en esta historia llamada vida.

La planificación no debe en ningún momento ser más exigente de lo que *actualmente* puedes realizar. Cuando pienso en planificación, no deja de venirme a la mente José. Su diligente plan de ahorro evitó la muerte de toda una nación y la de su propia familia. Un sistema de entrenamiento de cualquier tipo no solo nos dará un camino a seguir, sino que canalizará con sabiduría el esfuerzo que realizamos para alcanzar el objetivo trazado.

La mayordomía corporal bíblica es un sistema de respuesta a las formas del cuidado corporal antibíblicas. Este sistema de respuesta tiene por norma general que el fin supremo de todas las acciones saludables es la gloria de Dios.

Podríamos definir, entonces, a la mayordomía corporal bíblica como el proceso a través del cual el corazón se *educa,* se *limita*, y *conoce* el fin supremo de todas las acciones saludables.

Una mayordomía que educa

En la mayordomía corporal bíblica, la educación tiene que ver con el aprendizaje del objeto del cuidado (el cuerpo) y lo que aplicamos para ese cuidado (el conocimiento). Sin duda hay múltiples maneras en la que podemos cuidar el cuerpo, pero en concreto, en este libro, nos centraremos en las dos ramas más conocidas: la nutrición y el ejercicio físico.

El cristiano del siglo XXI se enfrenta a un sinnúmero de propuestas para el cuidado corporal. Es por esa razón que los cristianos de esta generación deben estar al tanto del conocimiento científico y antropológico del cuerpo. A diferencia de hace 1500 años, hoy el ejercicio físico es un acto más que cualquier individuo puede realizar, pero el cristiano debe conocer e interpretar todas y cada una de sus acciones a través del fundamento bíblico.

La educación saludable es buena y necesaria, pero una educación saludable sin el desarrollo y la madurez de una cosmovisión bíblica traerá una vida saludable hueca y eternamente irrelevante. La mayordomía corporal bíblica enfatiza primero la necesidad del creyente de inquirir en el conocimiento de quién es Dios, pues esto determinará su estilo de vida, y por otra parte, la necesidad de reconocer a Dios como el autor de la ciencias que la persona aplicará al cuerpo que no le pertenece. En otras palabras, una mayordomía sin educación bíblica es una acción peligrosa en el campo espiritual.

Una mayordomía que limita

En las últimas semanas, he estado entrenando y enseñando a mi hija de cuatro años el hermoso deporte del fútbol. Disfrutamos a todo fulgor de correr uno detrás del otro en medio de risas y gritos de goles. Pero cuando Yael toma la pelota con la mano, mi consigna no tiene demora: «Con la mano no, con el pie sí». Estas ocho palabras limitan el uso de sus manos pero permiten que la actividad tenga fluidez y que ella *aprenda* qué es jugar al fútbol.

En una escala mayor, algo así sucede en nuestras vidas saludables. Salomón lo escribe de una manera más gráfica:

> Cuando te sientes a comer con algún señor, considera bien lo que está delante de ti, *y pon cuchillo a tu garganta,* si tienes gran apetito (Prov. 23:1-2, énfasis añadido).

Y pon cuchillo a tu garganta... esta frase en particular es un límite muy bien marcado. Es mantener la distancia entre lo prudente y lo que mi aparente necesidad quiere o me impulsa a hacer, mi *apetito*. Una mayordomía bíblica corresponde con límites establecidos bajo la norma que rige la conducta cristiana, la Palabra de Dios. Por el contrario, una mayordomía que carece de límites es la manifestación de un corazón que ha abrazado las directrices de otro señor, pero no el Señor de la Biblia.

En nuestra generación y la industria del sector saludable y del *fitness,* todo método vale; si da resultados, es válido. En la mayordomía corporal bíblica, esto no funciona así. El límite de las acciones saludables en la vida del cristiano se encuentra a los pies de la cruz y no en lo que al parecer funciona. Todas las acciones referentes al cuidado corporal y el desarrollo de hábitos saludables deben permanecer fundamentalmente a los pies de la cruz. Ahí está el verdadero equilibrio. El límite entre la parte deportiva y la parte espiritual está en la absoluta inclinación por Cristo.

He visto en innumerables ocasiones cómo las personas hacen largas filas para participar en retos de pérdida de peso en treinta días. Esto puede suponer un gran estímulo al principio y te puede ayudar a acercarte a ese objetivo (se diría que a muchos les ha sido de gran ayuda, al menos para comenzar), pero por desgracia, la mayoría de estos retos no trabajan el carácter, sino que el objetivo está en alcanzar la ansiosa y tan anhelada meta. El problema está en que llegas a la meta pero, como tu corazón sigue siendo el mismo, al mes siguiente vuelves al punto de partida del que saliste en el reto anterior, lo que te lleva al bucle. Te apuntas a otro reto, y a otro reto, y así te puedes pasar años hasta que no comprendas que el verdadero reto está en ser mayordomo toda la vida, no solo treinta días.

Por otra parte, te ofrecen productos que venden la promesa de que en quince días podrás lograr lo que no pudiste hacer en cuarenta años, tomando una pastilla y sin esfuerzo alguno. Cuando lo has intentado todo, la línea del límite se vuelve cada vez más borrosa.

El corazón es complejo, y el cuidado corporal llevado por un corazón sin límites es arriesgado en exceso.

Una mayordomía que conoce

Recuerdo muchas de las entrevistas que hice a los socios del club donde servía como parte del cuerpo de entrenadores. Antes de empezar un programa de entrenamiento o proceso deportivo, normalmente se realiza una entrevista previa para conocer el historial clínico y deportivo y el objetivo de la persona. Mi pregunta inicial siempre ha sido: «¿Por qué quieres entrenar?». La mayoría de las personas (por no decir casi todas) responden a esta pregunta con un beneficio que se viste de deseo: *la salud*. Por supuesto que es un objetivo válido; la salud es importante, pero como estamos aprendiendo a ver la vida saludable desde la perspectiva de la mayordomía corporal bíblica, debemos ser más reflexivos en lo que hemos tomado como válido durante muchos años.

El cristiano no ejerce mayordomía corporal bíblica por salud, sino por *obediencia*, esa obediencia exhibe las marcas del evangelio, y el evangelio exhibe la gloria de Dios. Dicho de otro modo: la *gloria* de Dios se exhibe a través de Su glorioso *evangelio*, este evangelio es abrazado por los escogidos a los que se les ha alumbrado el *entendimiento* y, en pos de esa transformación, ellos son *obedientes* al llamado de ser *siervos* de su Señor y no de la salud.

Las implicaciones de esta maravillosa y sobrenatural transformación también son evidentes en las acciones menos pintorescas, como lo es un programa de entrenamiento físico. Esta observación no solamente nos ayudará a ser fieles al Señor, sino que producirá una mayor adherencia a la construcción de un estilo de vida saludable. De esta manera, estaremos cumpliendo con el llamado a hacer todo para la gloria de Dios y no para nuestra salud.

> Si, pues, coméis o bebéis, o hacéis otra cosa, *hacedlo todo* para la gloria de Dios (1 Cor. 10:31, énfasis añadido).

Hasta el momento, hemos aprendido qué es la mayordomía corporal bíblica y por qué la MCB es el camino estrecho para el desarrollo de una vida saludable en este mundo temporal. Definitivamente, debemos aprender a desarrollar hábitos saludables —una buena dieta, un programa deportivo específico—, pero con la bandera y la perspectiva eternas en medio de la temporalidad de tales acciones.

Ahora bien, quisiera terminar este capítulo con una serie de rasgos y detalles que manifiestan que nuestras acciones saludables suscriben a una mayordomía corporal bíblica y no subjetiva.

Características de la MCB

Cuando leemos las Escrituras, podemos identificar claramente quién es un seguidor de Cristo:

> Mas el fruto del Espíritu es amor, gozo, paz, paciencia, benignidad, bondad, fe, mansedumbre, templanza; contra tales cosas no hay ley (Gál. 5:22-23).

La huella del cristiano, donde sea que este se encuentre, se identifica por ese *fruto espiritual*. Ahora bien, de la misma manera, la mayordomía corporal bíblica deja su *huella* en los procesos saludables. Déjame detallarte en las siguientes líneas alguna de esas características:

1. Una mayordomía constante: como cristianos que desarrollan hábitos saludables, esta debe ser una de nuestras evidencias significativas. No podemos dejar procesos a medias. Santiago 1:8 lo dice de la siguiente manera: «El hombre de doble ánimo es inconstante en todos sus caminos». La constancia en el proceso no habla bien de ti, sino del Señor a quien sirves. Si existe doblez en nuestros procesos saludables, es porque aún no hemos comprendido a cabalidad las implicaciones del evangelio en nuestros cuerpos y en el cuidado del mismo.

2. Una mayordomía fiel: no se trata de ser perfectos en el desarrollo de respuestas saludables para con el cuerpo, sino de ser *fieles* al Creador del cuerpo dentro del proceso saludable en las acciones visibles y no visibles en las que interviene el corazón. Cuando te presentes delante de la presencia del Señor, Su pregunta no será: «¿Tus hábitos saludables eran perfectos?», sino más bien: «¿Fuiste fiel a lo revelado?». No habrá mayor satisfacción para el cuerpo y el espíritu que escuchar aquellas palabras: «Su señor le dijo: Bien, buen siervo y fiel; sobre poco has sido fiel, sobre mucho te pondré; entra en el gozo de tu señor» (Mat. 25:23).

3. Una mayordomía saludable: esta bien desarrollar hábitos saludables, pero *ser* saludable es mucho mejor. Una mayordomía es saludable cuando el corazón del mayordomo está siendo entrenado en la revelación bíblica. El carácter del mayordomo es lo más importante dentro del proceso saludable. Comer saludable es válido, pero comer con un corazón saludable es la meta. Ejercitarse forma parte de un proceso saludable, pero ejercitarse con un corazón piadoso es mucho mejor. Hay una clara y notoria diferencia entre seguir consejos saludables y *ser* saludable. Un corazón es saludable cuando adora en dirección correcta.

4. Una mayordomía prudente: la prudencia es imprescindible en el proceso saludable. Jesús lo deja claro en una de Sus parábolas: «Y dijo el Señor: ¿Quién es el mayordomo *fiel y prudente* al cual su señor pondrá sobre su casa, para que a tiempo les dé su ración?» (Luc. 12:42, énfasis añadido). La prudencia en el proceso saludable planifica, estructura, ordena, clarifica y ejecuta con tiempo las acciones pertinentes respecto al plan. La prudencia en la mayordomía corporal bíblica a menudo es usada por Dios para enseñarte que una buena forma de comer previene enfermedades, un correcto gasto energético es prudente y valioso para el buen funcionamiento del cuerpo. La prudencia no es ausencia de acción, sino una acción calculada. Una prudente carga de entrenamiento puede ser lo que muchos cuerpos que serán glorificados necesitan hoy.

La mayordomía corporal bíblica nace de una teología sana no adulterada, pero una teología que carece de práctica es una teología que no sirve, sino para ser una fiel expectante de la acción. Así que podemos estar seguros de que el conocimiento teológico bíblico sobre el cuerpo y las ciencias que nos rodean es una sabia manera de comenzar un plan saludable, pero no es suficiente. Conocer esta realidad es parte del proceso saludablemente bíblico, pero no olvides que estamos frente a una batalla con el *yo* y con el *sistema caído saludable* que pregona la bandera del humanismo y la falsa libertad del cuerpo. Por eso hoy, más que nunca, los cristianos deben trazar un plan estratégico de combate frente a las innumerables cosmovisiones que abordan la salud y el cuerpo, y en la teoría y práctica del ejercicio físico.

En el próximo capítulo, cerraremos esta primera parte de la mayordomía corporal bíblica y comenzaremos a bogar mar adentro en esta grandiosa travesía del cuerpo, la educación física y la nutrición desde el vuelo de la mayordomía corporal bíblica.

La MCB en acción

Hay varios elementos que destacan a la hora de no ser disciplinados en la mayordomía corporal bíblica; en concreto, a la hora de hacer ejercicio. Aquí presento una lista de estos elementos descrita sin un orden de prioridad:

1. No saber **cuánto ejercicio** debería hacer.
2. No tener un plan de ejercicios que se ajuste a mis **necesidades personales.** Al fin y al cabo, cada uno de nosotros tiene su contexto particular y sus tiempos.

3. Las redes sociales han creado un nefasto estándar de **cómo luce** hacer ejercicio y la cantidad de tiempo que debería dedicar a ello.
4. La diversidad de mensajes entre la sociedad y su opinión pública y el criterio subjetivo de cada individuo respecto a cómo debería ***ser* un cuerpo** que hace ejercicio. Con «subjetivo» me refiero a la afirmación privada y personal que tenemos a menudo sobre cómo debe lucir el cuerpo en términos estéticos y su intervención emocional, y el contraste estético con la afirmación pública donde vale casi todo. Por ejemplo: si no está definido o no es en realidad voluminoso, tu entrenamiento está mal (afirmación pública); no obstante, de manera subjetiva podemos aceptar que si una persona es feliz con un porcentaje graso elevadísimo no está mal, lo que importa es que sea feliz, pero este pensamiento puede ser no solo privado sino también aceptado universalmente, y llevar a la parálisis de la acción saludable.

Por lo tanto, quiero recomendarte que planifiques en la siguiente tabla cada una de las etapas que encontrarás para que te mantengas en la línea de la mayordomía y limites a tu corazón frente a las presiones de la industria y de ti mismo.

Puesta a punto:

Responde con brevedad:

1) ¿Cuánto tiempo dedicarás al entrenamiento en la semana?
2) ¿Qué días harás ejercicio?
3) ¿Cuál es la principal razón por la que entrenas?
4) Pensando en la razón que has descrito, ¿consideras que es una pérdida de tiempo?
5) ¿Quieres alcanzar algún físico en concreto? De no alcanzarlo por algún motivo, ¿continuarás ejercitándote? ¿Por qué?

Estas preguntas te darán una perspectiva más elevada del ejercicio y no tan simplista y pragmática del esquema de «salud». Desde la perspectiva de la MCB, el ejercicio no es algo tan simple como parece.

***Nota de tu entrenador*:** las rutinas que encontrarás en *Entrena tu corazón* son parte de una programación general, pero no por ello menos profesional. La estructura deportiva está desarrollada para que cualquier persona que se inicie en la actividad física o que tenga ya experiencia en el entrenamiento pueda disfrutar de la propuesta cíclica del entrenamiento. De acuerdo a tus respuestas anteriores, planifica tu estancia en cada una de las rutinas que encontrarás. *Sé fiel.*

Capítulo 5

Fundamentos de la mayordomía corporal bíblica

La construcción de una vida saludable y bíblica

Hace poco, recibimos en casa la visita de una apreciada amiga. Al abrir la puerta y darle la bienvenida, la miré a los ojos y puedo asegurarles que su rostro exponía que en su corazón todo estaba en *orden*. Me saludó con una sonrisa enorme al entrar. Al pasar de una conversación a otra, y acompañarnos a orar con mi hija, todo cambió. De repente, se le llenaron los ojos de lágrimas, se le enrojeció el rostro y, con un tono de voz extremadamente suave, me lanzó las siguientes palabras que penetraron mi corazón: «Daniel, ¿puedes orar por mi?». En cuestión de segundos, se me pasó por la mente la siguiente pregunta personal: *¿Cómo no te diste cuenta de la necesidad que tenía?*

La apariencia es compleja. Es *exponencialmente* engañosa, pues no siempre es lo que parece. Es cierta de un modo exponencial, porque a veces sí corresponde con la realidad del corazón. Un tanto confusa, porque no siempre acertarás por lo que tus ojos ven. La apariencia es en definitiva un concepto difícil de articular, pero así como es complejo evidenciarla sin muchos detalles, también es frágil cuando el fundamento verdadero es presionado y sometido a prueba. Ahí entonces es donde se conoce la verdadera *identidad.*

El fundamento de la mayordomía corporal bíblica debe estar siempre arraigado en la *identidad* que la Escritura revela a aquellos que han abrazado la cruz. La Biblia llama a los cristianos «siervos» (Luc. 17:10), «administradores» (1 Ped. 4:10), «hijos de luz» (Ef. 5:8). Estos adjetivos presentan un énfasis en la idea representativa del servicio y el ejemplo que los cristianos *son y deben ser* en su vida y en el ejercicio de la mayordomía en sus cuerpos en calidad de representantes del gobierno celestial aquí en la tierra. En otras palabras, en los cristianos, el mundo debe ver cuál es el fin, la meta y el objetivo de vivir una vida saludable. Cuando los cristianos llenos del Espíritu viven vidas saludables equilibradas, no solamente es un acto de *adoración* al Señor a través de su mayordomía, sino que también los no creyentes glorificarán al Señor al ver las *buenas obras saludables* para con nuestro cuerpo y para la gloria de nuestro Señor. Mateo 5:16 lo dice de la siguiente manera:

> Así alumbre vuestra luz delante de los hombres, para que vean vuestras buenas obras, y glorifiquen a vuestro Padre que está en los cielos.

Las buenas obras no solamente están relacionadas con el prójimo. También está implícito el modo de vida que el cristiano lleva en su día a día; por ejemplo: su forma de comer, su manera de ver el ejercicio, su constancia en el proceso. Todas esas acciones pueden ser realizadas por cualquier persona; lo que diferencia al cristiano es que, en cada una de estas acciones, el epicentro de adoración ya no es él mismo, sino su Amo y Señor, Cristo. Las obras que Dios preparó de antemano son obras que solo un corazón regenerado por el Espíritu Santo de Dios pueden realizar. Estas obras son los activos de nuestro proceso de santificación progresiva. Estas obras sí agradan a Dios. Estas obras están listas para ser ejecutadas.

Las disciplinas espirituales dentro del proceso saludable son esenciales. Pero aunque *aparentemente* los actos saludables son de índole temporal, muchos son evidencias precisas de lo que está ocurriendo en el corazón nacido de nuevo. ¿Cómo luce esto? Pues, para el que antes la mentira era su verdad, ahora hay un contraste entre su vieja vida y la nueva vida en Cristo. De la misma manera, el que antes no controlaba sus impulsos alimenticios, ahora por la gracia de Dios es moderado en su ingesta. El que antes daba rienda suelta a su pereza, ahora planifica y ejecuta una acción del todo opuesta a la que lo caracterizaba. No podemos devaluar estas acciones a triviales o poco santas. Un corazón perezoso es tan pesado que puede llegar a matar de muchas maneras a una persona. No infravalores el proceso, a menudo, necesitamos pequeñas victorias antes de saborear la sensación de haber avanzado. El corazón madura con el conocimiento bíblico, pero no podemos dejar a un lado la experiencia humana. Ahí donde aplicas la Biblia, madura el corazón.

Desde el punto de vista científico, los procesos saludables se fundamentan en el desarrollo metódico y analítico de principios del entrenamiento y nutricionales que, aplicados de manera individual, permiten una mejora de la calidad de vida del sujeto. Eso está bien, pero para los cristianos, no es suficiente. Desde la mayordomía corporal bíblica, la aplicación de las ciencias al cuerpo no solo deben basarse en el método, sino también en conocer la *razón de ser* de tal acción. Un desarrollo de hábitos saludables sin fundamentos bíblicos es apariencia, y esto es muy peligroso, dañino y mortífero para el corazón.

En esta segunda parte del libro estaremos desarrollando el fundamento de la mayordomía corporal bíblica, y veremos cuatro pilares que todo cristiano debiera tener en cuenta antes de comenzar cualquier tipo de proceso dietético y deportivo. Creo importante recalcar que los fundamentos permiten construir de manera sólida el edificio. En la mayordomía corporal bíblica, una dieta equilibrada y el entrenamiento son importantes, pero mucho más el porqué y para qué. Cuando sepamos contestar estas preguntas, tendremos una adherencia más sólida y consistente al proceso y todas las acciones que se encadenan al concepto de *vida saludable*.

He considerado el símbolo de la cruz como modelo y eje central para tener siempre presente cuál es el fin de todas las acciones saludables. Cada uno de los extremos de la cruz representa un fundamento que depende el uno del otro, como un cuerpo depende de cada uno de sus miembros. Estos fundamentos son los siguientes: teología corporal bíblica, conocimiento, comunidad y movimiento. En los últimos capítulos de este libro, me dedicaré a mostrarte cómo la persona de Cristo cumplió con estos cuatro pilares y cómo tú puedes extrapolar estas aplicaciones a tu contexto actual. Este sería el cimiento que sostiene la casa saludablemente bíblica del cristiano que desea comenzar a llevar un estilo de vida saludable para la gloria de su Creador.

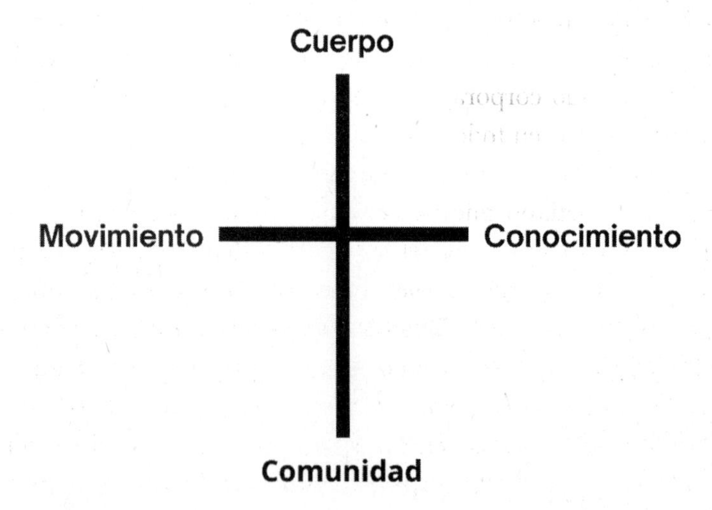

Figura 3. Metodología de enseñanza de mayordomía corporal bíblica. La palabra «conocimiento» hace referencia al desarrollo intelectual del saber deportivo y nutricional elemental, y también a la necesidad de conocer a Dios profundamente, Su carácter, Sus atributos, Sus afectos, Su creación. Todo el conocimiento bíblico debería afectar cada uno de mis hábitos saludables.

Como este libro tiene por subtítulo *La mayordomía corporal bíblica*, necesitamos conocer lo que la Biblia tiene para decirnos sobre mayordomía, sobre el cuerpo y, por supuesto, sobre nuestro Creador. Por esa razón, cuando hablo de teología corporal bíblica, me refiero también al conocimiento bíblico sobre el *ser* del hombre. En referencia al conocimiento, no solo sugiero la necesidad que tiene todo cristiano de conocer las ciencias del entrenamiento y la nutrición como medios a través de los cuales puede administrar su cuerpo para la gloria de Dios, sino también que si el conocimiento de las ciencias deportivas y nutricionales fuese suficiente, entonces nos encontraríamos con un conflicto teológico, pues solo el conocimiento de Dios es *suficiente* para satisfacer el *ser*. Así que, bajo esa premisa, cuando me refiero a conocimiento, implícitamente hago alusión al conocimiento profundo de la persona de Cristo. Un conocimiento santo y piadoso de la persona de Dios en mi vida me llevará a la aplicación de tales ciencias con una actitud que agrade al Dios que estoy conociendo, ya que es un Dios santo, santo, santo. Por consiguiente, mi actitud frente al cuidado corporal y la aplicación e incorporación de tales ciencias debe ser, en todo sentido, santa.

El pilar de la comunidad refiere al contexto particular y eclesiástico del cristiano que ha comenzado un proceso saludable y bíblico. Para los cristianos, el proceso saludable no solo trae progresos personales sino también colectivos, y al igual que progresos, consecuencias por la falta de consistencia y adherencia a tales hábitos. También abordaremos el principio implícito dentro de la comunidad. Este principio es la responsabilidad que los líderes de las iglesias locales tienen de presentar sus propias vidas como ejemplo de mayordomía corporal bíblica, siendo Cristo el ejemplo supremo de la Iglesia.

Por último, el pilar del movimiento. Aquí englobamos toda la aplicación práctica que podemos llevar a cabo al menos de forma básica para pasar de ser un cristiano sedentario para su propia gloria a un cristiano que se mueve para la gloria de Dios.

Frente a esta estructura de principios que propongo como las bases sobre las cuales podemos proveer un esfuerzo con fines eternos, es propicio recordar que nos podemos engañar con facilidad a nosotros mismos. Este es el camino que tiene que marcar la dirección de tus acciones, y no tanto de tus resultados. Las acciones son tu responsabilidad, los resultados dependen de Dios. Los resultados de Dios (en el cuidado corporal) no siempre son lo que nuestras expectativas sugieren, o el estándar de estereotipo que se engendró en tu corazón a causa de la comparación. A menudo (no siempre es así), el cuerpo de manera externa no reflejará los esfuerzos realizados, y eso no tiene por qué estar mal. Una persona fuerte no tiene por qué aparentar serlo, y después de todos los años que llevo entrenando, puedo decirte que una persona que aparenta ser fuerte físicamente a veces no lo es. He sido testigo de cuerpos esbeltos, al parecer saludables, que no soportarían cincuenta flexiones seguidas. Y también he sido testigo de la fuerza, la sagacidad, la movilidad y la capacidad muscular de una persona con un bastón.

La mayordomía tampoco es una formula que te llevará a conseguir todos los objetivos físicos, nutricionales y deportivos que siempre has soñado. De manera que tienes un frente divido en dos batallas. La primera, la que libras en la intimidad, ahí donde tu corazón se convierte en lo que es de verdad, donde surge el verdadero centro de acciones saludables para con el cuerpo. La segunda, con tu contexto, con lo que eres o lo que aparentas *ser*. Lo que eres no lo define el resultado del proceso saludable, sino lo que la Escritura ha dicho que eres. Pero si en medio de la batalla de la mayordomía corporal bíblica te encuentras con el atractivo de aparentar que en el área de tu vida saludable lo tienes todo bajo control, entonces, no dudes en hacer lo que hizo mi amiga: pedir ayuda. A veces, un «¿puedes orar por mí?» te conduce a la mano que te sostiene cuando el fango de la apariencia quiere hundirte.

Al final, cuando cierre todos estos fundamentos, me centraré en presentarte la vida de Cristo desde el punto de vista humano y más cercano posible, para que juntos podamos ver al Señor y Creador de nuestros cuerpos cumpliendo la mayordomía que ni tú ni yo pudimos cumplir, con la esperanza eterna y gloriosa de que, un día, estos cuerpos que sufren estarán por toda la eternidad junto al cuerpo que lo dio todo por el nuestro.

La MCB en acción

¿Listo para el movimiento?

Para este tiempo, tengo un reto que plantearte. No importa si te encuentras a mitad, finalizando o comenzando la semana. Desde el día de hoy, te marcarás siete días por delante en donde iremos realizando un aumento significativo de los pasos que diariamente haces en un día. En la siguiente tabla, encontrarás un hilo conductor para que puedas seguir esta estructura o tomarla como modelo.

Tabla de *movimiento* semanal

Objetivo: aumentar el gasto calórico no derivado del ejercicio (NEAT) mediante pasos diarios.
Recomendaciones: ✓ Mantén un registro disciplinado de tus pasos diarios, sean muchos o no. ✓ Si no llegas a la meta diaria, busca llegar al siguiente día al objetivo no alcanzado. ✓ Si la progresión no se ajusta a tu contexto y ritmo de vida, puedes utilizar la tabla con tus propias modificaciones. Lo importante es tomar acción planificada. ✓ Puedes utilizar cualquier dispositivo que cuente tus pasos; algunas opciones: la *app* de tu móvil, un reloj inteligente. ✓ **Es muy importante** que el aumento de pasos no solo sea un aumento en número, sino también en la intensidad cardiovascular con la que se dan estos pasos. Añade intensidad consistente a tu movimiento.
Proyección: con esta progresión de suma de 500 pasos por día, estarás aumentado en gran manera tu tasa de movimiento diario. No olvides que la intensidad cardiovascular de los pasos es muy valiosa; auméntala poco a poco.

Semana 1 y 2:

Lunes (1)	Martes (2)	Miércoles (3)	Jueves (4)	Viernes (5)	Sábado (6)	Domingo (7)
3000 pasos	3500	4000	4500	5000	5500k	6000

Total de pasos semanas 1 y 2:

Semanas 3 y 4:

Lunes (1)	Martes (2)	Miércoles (3)	Jueves (4)	Viernes (5)	Sábado (6)	Domingo (7)
7000 pasos	7500	8000	8500	9000	9500	10 000

Total de pasos semanas 3 y 4:
Km totales del movimiento del mes:

***Nota de tu entrenador*:** si tienes problema con el sobrepeso, esto es tu AS bajo la manga. El entrenamiento es importante, pero tu movimiento global lo es aún más. Muévete todo lo que puedas, camina, busca actividades en las que te obligas a moverte o estar de pie, añade a todo ello tus entrenamientos diarios, una dieta balanceada, lectura bíblica y oración en la que afiances tu identidad en Cristo, e iremos por el camino estrecho de la MCB.

Capítulo 6

La historia del cuerpo

Cuida tu *cuerpo* como si fueras a vivir por siempre, y cuida tu alma como si fueras a morir mañana. —Agustín de Hipona

Una tarde primaveral nos acompañaba en aquella conocida y habitual ruta que siempre hacemos para comprar agua con mi hija. De repente, se cruzó en mi camino un joven adulto que impulsaba a otro joven en una silla de ruedas. Jamás olvidaré al joven de la silla de ruedas. Su cuerpo exponía una grave lesión medular y por lo tanto, una deformación articular desde su cuello hasta las extremidades de su cuerpo. Su cabeza estaba girada a 90º sobre su pecho. Esto me impactó de manera profunda. Nunca había visto algo semejante. Lo que más me pareció extraño fue la sonrisa que se dibujaba en el rostro de aquel joven sentado en la silla.

Nuestros cuerpos fueron creados por Dios; sin embargo, *sufren* a causa de la caída, de manera activa y pasiva. *Activamente,* sufren cuando reflejan sin voluntad propia los efectos del pecado en el mundo caído, y también cuando ni las mejores acciones lo mantienen saludable. *Pasivamente,* sufren cuando estos muestran los efectos naturales del tiempo y los años sobre ellos sin una acción premeditada. Sin duda, como menciona Sam Alberry en su libro *Lo que Dios dice sobre nuestros cuerpos,* aun en medio de todo esto, «los cuerpos de los que nos avergonzamos, Cristo los quiere para él».[1]

A lo largo de la historia, el cuerpo humano ha sido sujeto de observación, análisis, y en muchas ocasiones, motivo divergente de creencias y formas de concebir la vida. Lo que pienses sobre quién es Dios definirá en tu mente y corazón lo que es el cuerpo para ti, y al observar el cuerpo y su diseño inteligente, puedes acercarte a la *realidad espiritual* que revela cada maravilloso trazo de este tesoro de barro llamado cuerpo.

La identidad corporal es innata al diseño. La mayoría de nosotros, cuando hablamos de nuestros cuerpos, nos referimos a ellos como algo que es nuestro (propiedad) y no como algo que *somos* (identidad). Pero nuestros cuerpos no solamente nos dan identidad. También nos dan capacidades físicas básicas como la fuerza, la resistencia, la potencia y la flexibilidad. Nuestros cuerpos fueron dotados de habilidades que nos permiten realizar las actividades típicas de la naturaleza y la vivencia humana. Dios diseñó el cuerpo humano con un sistema de respuesta a los diferentes estímulos a los que a diario el cuerpo es expuesto. El sistema de respuesta del cuerpo no solo debe ser estudiado desde el punto de vista de la educación física, sino también desde el enfoque teológico, para que podamos comprender a grandes rasgos lo que comunica el cuerpo acerca de quiénes somos, pero sobre todo, acerca del Creador del cuerpo y el propósito adherido a esa creación. La educación física nos habla de la revelación general de Dios a través del cuerpo. Sin embargo, el evangelio nos brinda la revelación especial y, por lo tanto, el fin supremo del cuerpo humano.

Desde el comienzo de los tiempos, pasando del génesis a la organización de las grandes civilizaciones, desde la edad antigua hasta nuestra actualidad, el mensaje bíblico de qué es el cuerpo ha sido siempre el mismo. Sin embargo, el proceso de secularización ha llegado también a las doctrinas fundamentales del cristianismo y, por

1. Alberry, *Lo que Dios dice sobre nuestros cuerpos*, pág. 152.

supuesto, a todo fundamento de la sociedad. Esto ha rediseñado todo concepto antropológico y teológico del cuerpo. Ahora el cuerpo, obra y diseño divino, puede llegar a tener un concepto y una cosmovisión totalmente errónea y, en muchas ocasiones, se cruza el borde de la lógica natural.

Desde el campo teológico corporal bíblico, el cuerpo no es un concepto que define al ser humano, pues si este definiera lo que es el cuerpo, entonces lo creado tendría autoridad de autodefinirse y esto no encaja con la revelación bíblica. Para los cristianos, la definición de qué es el cuerpo reposa en el Autor del cuerpo y del fundamento bíblico escrito que revela lo que piensa y siente el Creador de la vida sobre Su propia creación y diseño. Dicho de otro modo, cualquier supuesto que hagamos sobre qué es el cuerpo no tiene relevancia alguna si no se suscribe a la autoridad inherente de la Escritura y, en definitiva, a la sabiduría e inteligencia detrás que manifiesta cada área del cuerpo humano.

¿Qué es el cuerpo?

Esta es una pregunta que puede tener múltiples definiciones dependiendo del campo y el sector donde se realice. En nuestro caso particular, nos limitaremos al aspecto clínico, fisiológico, anatómico, deportivo y teológico.

El manual de la MSD define al cuerpo desde una postura clínica: «como una estructura compleja y bien organizada, formada por células que trabajan juntas para realizar funciones específicas necesarias para mantener la vida».[2]

Esta estructura compleja y bien organizada tiene una forma y mecanismos de respuesta que son las características principales de cómo funciona el cuerpo. A esto se lo conoce como *fisiología.*

2. https://www.msdmanuals.com/es-mx/hogar/fundamentos/el-cuerpo-humano/introducción-al-cuerpo-humano

Con todo ello, el cuerpo en su estructura *anatómica* tiene alrededor de 206 huesos, entre 650 y 840 músculos voluntarios e involuntarios, 11 sistemas corporales, 37,2 mil millones de células, y tu corazón al finalizar este día habrá realizado más de 100 000 latidos… ¡increíble!, ¿no?

Cada uno de estos datos no solo debieran maravillarnos de cuán asombroso es el cuerpo; evidentemente, lo es. Pero cada sistema, función y capacidad de respuesta del cuerpo no sería posible si el *Creador del cuerpo* no interviniese a diario en cada una de sus funciones. Más que maravillarnos del cuerpo, deberíamos maravillarnos de la profunda sabiduría de Dios reflejada en el cuerpo que Él mismo creó para Su *gloria.*

Recuerdo que, cuando era muy pequeño, una de las primeras cosas que aprendí en la escuela dominical fue que mi cuerpo es el templo del Espíritu Santo. Creo que esa es una de las primeras verdades que abracé siendo muy niño, y quizás tú también. Quiero ser muy cuidadoso con lo que a continuación leerás.

El cuerpo es el *templo* del Espíritu Santo (1 Cor. 6:19-20). Esta verdad tiene serias y contundentes responsabilidades de carácter. Si los cristianos viéramos de verdad el cuerpo como el templo del Espíritu Santo, no habría discusiones sobre el cuidado de este. Esta verdad de *ser* templo tiene muchas implicaciones internas y externas en nuestro diario vivir. Un concepto pragmático de qué es el cuerpo desde la perspectiva teológica puede llevarnos a una praxis cuestionable de todas las acciones saludables para con el cuerpo. En nuestra era actual, curtida de conceptos y filosofías atractivas que proveen libertad al cuerpo, es necesario informar a nuestra conciencia sobre los límites de la verdadera libertad del cuerpo. El cuerpo es verdaderamente libre cuando funciona para lo que fue creado.

Vamos a ver cómo el concepto de qué es el cuerpo ha involucionado con el paso de los años y cómo las influencias seculares acerca de qué es el cuerpo, su cosmovisión y propósito, se han infiltrado en la iglesia moderna cuestionando el valor intrínseco del cuerpo y, en consecuencia, el desarrollo de cuidados externos saludables.

Una breve historia del cuerpo

En comparación con la mayoría de las religiones y los sistemas de pensamiento, tanto el Antiguo como el Nuevo Testamento le otorgan *valor intrínseco* al cuerpo humano.[3] Para los cristianos, el valor de sus cuerpos no se mide por la belleza de estos sino por el Autor de tales cuerpos. De hecho, la belleza de los cuerpos se encuentra en la dignidad innata con los que estos son creados. Dios no crea absolutamente nada que no tenga valor para Él mismo. Cuando Dios crea, el valor nace con ello, y al instante; también el propósito.

Dios creó nuestros cuerpos con propósito, el propósito es Su gloria, pero el desarrollo y las aplicaciones mientras estamos en el cuerpo en esta tierra pueden lucir de diferentes maneras. No obstante, el fin es *exclusivamente* Su gloria. Estos cuerpos fueron creados de manera intencional, y aunque muchos llegan al mundo por diferentes circunstancias humanas, para el Creador del cuerpo solo hay una manera de crear, y esta se llama *propósito.*

Todos los cuerpos creados tienen propósitos particulares y fundamentales. Particulares respecto al plan personal para con el cuerpo y su administración. Fundamentales porque todos los cuerpos son creados para Su gloria. Puedes o no estar satisfecho con tu cuerpo; lo que pienses sobre tu cuerpo es importante, pero más importante es lo que piensa Dios sobre el cuerpo que Él te ha dado. Esto debe llenarte de profunda esperanza. El valor del cuerpo no depende de ti, de tus cuidados, tus obras, ni tus hábitos, el valor del cuerpo de cada cristiano fue pagado por la sangre del Cuerpo que valía todos los cuerpos del mundo en valor infinito.

---

3. *Diccionario Bíblico Holman* (Nashville, TN: B&H Español, 2014), pág. 402, «Cuerpo».

> Reconoced que Jehová es Dios; Él *nos hizo,* y no nosotros a nosotros mismos; pueblo suyo somos, y ovejas de su prado (Sal. 100:3, énfasis añadido).

Con esto en mente, nos situamos en contexto —edad antigua, nacimiento de los grandes imperios—, pero el que más ha influenciado la mente de todo Occidente y muchos cristianos hoy ha sido Grecia. Los comienzos del Imperio griego se remontan al año 1200 a. C. Desde España en Occidente, hasta la India en Oriente, y desde el norte de África hasta los Balcanes y las riberas del mar Negro, los griegos llevaron su batalla de *influencia ideológica.* Para los griegos, el desarrollo del conocimiento intelectual era esencial para el crecimiento del ciudadano, su integración en la política y la vida pública. El sistema político griego constituía una ciudad como tal, cuando esta era acreditada con una plaza pública, un teatro y un *gimnasio.* Para los griegos, el deporte y el ejercicio formaban parte de sus tradiciones y estaban arraigados profundamente en sus estilos de vida. Así lo escribe Homero, en *La Odisea,* VI 99ss:

> Y una vez que hubieron disfrutado de la comida las servidoras y ella misma, *jugaron a la pelota* después de quitarse los velos; y para ellas dio inicio al canto Nausícaa de blancos brazos. Luego *lanzó la pelota* a una criada la princesa; no acertó con la criada, sino que la metió en un profundo remolino, y ellas dieron grandes gritos. Y despertó el divino Ulises…[4]

Mientras el consejo de Dios era revelado al pueblo de Israel a través de los profetas que Dios mismo levantaba, otra forma de ver el mundo y el contexto que rodea todo lo que al cuerpo refiere se estaban forjando en las discusiones filosóficas de las escuelas griegas.

---

4. F. García Romero, *El deporte en la Grecia antigua*, Madrid, 2019. Apuntes de exposición oral.

El avance de la medicina con Hipócrates situó al ejercicio como un bien preciado en la adquisición de salud y como un medio integral de crecimiento para el ciudadano griego. Por lo tanto, el ejercicio en la vida cultural de Grecia era un *modus operandi.* El sistema educativo de alto prestigio griego estaba diseñado para grabar en las mentes y corazones de los estudiantes la virtud del deporte, el ejercicio y el medio por el que se realizaba cada una de estas acciones: *el cuerpo.* Tanto así que para un joven griego, la desidia física era tan vergonzosa como la ignorancia.[5]

El arte era el reflejo del avance significativo y distintivo que convirtió a Grecia en un poderío ideológico. El griego culto no se avergonzaba de su desnudez. Por primera vez en la historia de la humanidad, el cuerpo humano desnudo se convierte en el objetivo central del arte. La cultura griega vuelca su mirada en la belleza del hombre; por ello, su marcado interés en el desnudo y arte realista.[6]

En las esculturas griegas vemos el ideal educativo del cuerpo. El cuerpo es *movimiento,* y cada una de las obras que se construyen manifiestan la capacidad de flexibilidad, fuerza, agilidad y vigor humano. La búsqueda de la belleza y el movimiento definen a la plástica y arte griego.

A medida que la cultura griega avanzaba se fueron produciendo distintos cambios internos en la concepción de la vida y el cuerpo en las diferentes escuelas filosóficas de la antigua Grecia. Desde Sócrates, Platón hasta Aristóteles, el cuerpo era un tema candente y de suma importancia en el seno de los hogares y la familia griega. En esta primera parte de la historia del cuerpo, nos centraremos en la concepción

---

5. Fundación Juan March. Fernando García Romero, «Ciclo de conferencias: La importancia social del deporte en la Grecia antigua». 27 de octubre de 2020. https://www.march.es/es/madrid/conferencia/deporte-grecia-antigua-iii-importancia-social-deporte-grecia-antigua
6. Sobre la plástica y el arte griego extraído de las conferencias de: https://youtu.be/XQykUxjwNZg

dualista griega y sus implicaciones activas y pasivas en la forma de ver el cuerpo humano en la iglesia moderna hoy, en el siglo XXI.

El cuerpo en la Grecia antes de Cristo

La concepción del cuerpo ha ido pasando como un testigo en la competiciones de velocidad de relevos en los Juegos Olímpicos. Uno de los pensadores de mayor influencia en el pensamiento occidental fue Sócrates. De este pensador no tenemos información escrita, pues su forma de presentar filosofía siempre fue a través de la conversación. No obstante, para Sócrates, el cuerpo humano no era lo más importante.

Es de vital importancia recalcar que estos pensadores no interactuaron con la revelación especial del Dios de Israel, por lo tanto, su modo de pensar dista siempre de la revelación bíblica. Sin embargo, como la Biblia lo revela, nuestra propia conciencia nos enseña de manera general una verdad sobre la creación y, por ende, sobre nosotros mismos. El apóstol Pablo, en su carta a los romanos, señala lo siguiente:

> Porque lo que de Dios se conoce les es manifiesto, pues Dios se lo manifestó. Porque las cosas invisibles de él, su eterno poder y deidad, se hacen claramente visibles desde la creación del mundo, siendo entendidas por medio de las cosas hechas, de modo que no tienen excusa. Pues habiendo conocido a Dios, no le glorificaron como a Dios, ni le dieron gracias, sino que se envanecieron en sus razonamientos, y su necio corazón fue entenebrecido. Profesando ser sabios, se hicieron necios, y cambiaron la gloria del Dios incorruptible en semejanza de imagen de hombre corruptible, de aves, de cuadrúpedos y de reptiles (Rom. 1:19-23).

Sócrates animaba a sus oyentes a cuidar el *alma*, que para él, era la razón, el pensamiento, el conocimiento, lo que engloba en su deseo de alcanzar lo máximo y la *virtud*, y por lo tanto, el medio a través del cual se alcanza la felicidad. Su discípulo más conocido fue Platón.

Platón da inicio a la concepción antropológica dualista del ser, alma y cuerpo separados con valores absolutos opuestos; el alma por encima del cuerpo. Esta concepción en el siglo XXI sigue tan vigente como en los últimos años de la edad antigua. De hecho, puedo asegurar que en el cristianismo de esta era existe un platonismo cristiano no bíblico acerca de la concepción del ser. Durante muchos años, y con mayor precisión en esta nueva época, esta forma de ver al ser humano se ha extendido a lo largo de todo el credo evangélico, siendo esto un grave error para el corazón y para el cuerpo. Esta concepción del ser hace una distinción y separación entre ambas realidades, dando absoluto valor al alma por encima del cuerpo. Esta conclusión no es respaldada ni por la *sola Escritura* ni mucho menos por la historia de la Iglesia.

Cuando Dios creó al hombre, no creó dos seres distintos que unificados resultan en el *ser*. Veamos con detenimiento lo que la Biblia dice al respecto:

> Entonces Jehová Dios formó al hombre del polvo de la tierra, y sopló en su nariz aliento de vida, y fue el hombre un ser viviente (Gén. 2:7).

Este pasaje comunica la estructura que convierte al hombre en un ser viviente. Por una parte, tenemos polvo de la tierra y enseguida lo que produce vida en el hombre: el aliento y soplo de su Creador. Este pasaje muestra una dicotomía del ser, pero no una degradación de valores antropológicos. Somos cuerpo al mismo tiempo que somos espíritu. No hay una escala de valor en el ser del hombre; todo fue creado con el fin de glorificar a Dios, tanto el cuerpo como el espíritu. De hecho, el éxtasis de la salvación personal se produce en la glorificación del cuerpo. Entonces podríamos decir: ¿es el cuerpo más importante que el espíritu? De ninguna manera. Lo que esto comunica es que la salvación de nuestras almas también incluye la de nuestros cuerpos. Dios no crea algo inválido. Dios crea con la intención manifiesta de mostrar Su gloria. Dios no desvaloriza lo que ha creado. ¿Cómo puede entonces hacerlo el ser humano?

Nancy Pearcey, en su libro *Ama tu cuerpo*, menciona: «Es emocionante pensar que Dios desea realmente relacionarse con nosotros en nuestro cuerpo, que ama nuestra forma y tamaño idiosincráticos, nuestras peculiaridades corporales, nuestra apariencia física. Dios quiere amarnos y relacionarse con nosotros no solo en espíritu, sino con todo nuestro ser».[7]

Por lo tanto, la dignidad del ser humano no se encuentra en lo esbelto del cuerpo ni en la virtud del alma; el ser humano tiene valor intrínseco por quién lo creó. Dios se glorifica en Su creación. El peligro emerge cuando el objeto creado apunta a sí mismo y no a Aquel que lo diseñó. Esto no nos debe inflar el pecho; nos debe llenar de profunda responsabilidad cristiana frente a la necesidades físicas y afectivas que reflejan los cuerpos que nos rodean, como sucedió con el joven que llevaba en la silla de ruedas a su amigo, dándole ánimo y aportando las fuerzas que no habían en él. Así y mucho más los que han recibido por fe la entrega total del sacrificio espiritual y corporal de Cristo.

En los capítulos siguientes, abordaremos la degradación progresiva del cuerpo, cómo la influencia secular y el pluralismo de pensamiento han creado el ambiente propicio para generar confusión y un frente de batalla para comprometer todo concepto absoluto del cuerpo desde la perspectiva teológica cristiana, y cómo esto ha afectado todo lo referente al cuidado corporal saludablemente bíblico.

---

7. Nancy Pearcey, *Ama tu cuerpo: Respuesta a preguntas difíciles sobre la vida y la sexualidad* (Lindale, TX: Editorial Jucum, 2019), pág. 41.

La MCB en acción

Hoy desarrollaremos otro tipo de entrenamiento conocido como EMOM (*Every Minute On a Minute* [Cada minuto en un minuto]).

Instrucciones:

Este entrenamiento consiste en conseguir llegar al número de repeticiones de un ejercicio en menos de un minuto; el tiempo restante sería tu tiempo de descanso y preparación para el siguiente ejercicio/ minuto, y así hasta cumplir con el total del tiempo del circuito.

Rutina:

Objetivo: realizar ocho rondas. Una ronda es igual a cumplir con los tres ejercicios y sus respectivas repeticiones.

Duración del entrenamiento	Número de ejercicios
15 minutos	3

Circuito:
5 reps. de sentadillas desde banco/silla.

5 reps. de flexiones en pared o banco.

5 reps. de peso muerto con x peso.

Este entrenamiento puedes repetirlo tres veces por semana hasta que notes una adaptación en el ritmo y el volumen de las repeticiones. Puedes ir aumentado su dificultad añadiendo más peso, más repeticiones y más tiempo de duración del entrenamiento.

Nota de tu entrenador: Mantén esta rutina por al menos dos semanas. Puedes variar su intensidad con los siguientes valores:

Número de repeticiones: +5

Número de series: x4, x5.

Tiempo de descanso: (+) o (-) descanso del que realizas.

Realizando una progresión del ejercicio: de flexiones de rodilla a estrictas por ejemplo. De sentadilla en banco a sentadilla libre (sin silla), o a una sentadilla tipo copa con una mancuerna o peso entre las manos mientras ejecutas el movimiento.

Cambia la metodología del entrenamiento: puedes realizar entrenamiento por cumplimiento de series, por tiempo, etc.

CAPÍTULO 7

LOS ENEMIGOS DEL CUERPO

En el pasado verano me detuve a ver y escuchar un documental titulado *The History of Us* [Nuestra historia]. Este documental trata acerca de la historia del cuerpo humano desde el punto de vista evolucionista. En los primeros tres minutos del documental, el locutor mencionó algo que sinceramente no me sorprendió en absoluto. Dijo: «Todos nosotros estamos hechos del mismo conjunto extraordinario de componentes. Unidos como un juego de piezas, gracias al proceso de la evolución. Lo que significa que no somos los primeros en hacer uso de ellas; de hecho, hemos heredado todas nuestras partes de un grupo de extraños y magníficos ancestros. Nosotros solo las hemos recombinado de nuevas e imaginativas maneras. La existencia de los huesos comenzó en un gusano primitivo hace 500 millones de años. Después pasaron por el pez, el reptil y el mono entre otros, antes de acabar en nosotros».

Albert Mohler, en su libro *La tormenta que se avecina,* narra la historia de uno de los líderes y personalidades más particulares de los años treinta, nada más y nada menos que Winston Churchill. «En 1940, el rey Jorge VI convocó a Winston Churchill al palacio de Buckingham y le pidió que fuera primer ministro. Pero al nombramiento le precedía una época de apátrida político en Gran Bretaña. Durante esos años, Churchill presagió el ascenso de la Alemania nazi y la clase política británica, pero la mayor parte de Europa decidió no ver lo que él veía. Churchill pronosticó la tormenta que estaba a punto de estallar en aquel entonces».[1] Hoy estamos viviendo algo muy similar respecto al cuerpo, las dietas y el ejercicio físico. Hay una brisa que empezó a caer desde la edad antigua y que se ha convertido en un huracán con vientos recios que buscan desplomar toda cosmovisión cristiana sobre el cuerpo, su creación y las ciencias saludables que aplicamos al cuerpo.

Una de las tantas dificultades que atraviesa la *generación Z* de la iglesia moderna es que no hace caso a la historia ni le interesa conocerla. Muchos de nuestros jóvenes no saben ni son conscientes de que lo que piensan hoy sobre ellos mismos y sobre sus cuerpos es producto de una influencia ideológica histórica que se ha ido pasando de generación en generación. A veces para bien y a veces para mal. La comunidad cristiana joven y no tan joven siempre debe recordar el valor histórico y teológico que la iglesia del primer siglo nos dejó como legado. Esta iglesia tiene mucho que enseñarnos. Sin embargo, en lo referente al cuerpo, nos hemos distanciado de la revelación bíblica y hemos prestado más atención al atractivo mensaje secular que alimenta la autoestima y el ego humano. Osho, en su libro titulado *El equilibrio cuerpo-mente,* expresa lo que, a mi sentir, es uno de los eslabones sobre el cual muchos hoy sustentan el atractivo del cuerpo y el cuidado que ejercen a través de sus hábitos:

> El mejor modo de *conocer* el propio cuerpo es penetrar en el *interior de ti mismo* y mirarlo desde ahí, desde la parte más profunda de tu ser, entonces resulta un gozo extraordinario de ver el funcionamiento, su tictac. Es el mayor milagro que ha ocurrido en el universo.[2]

---

1. R. Albert Mohler Jr., *La tormenta que sea avecina: secularismo, cultura e iglesia* (Nashville, TN: Editorial Vida, 2021), pág. 15.
2. Osho, *El equilibrio cuerpo-mente: Relajarse para aliviar las molestias relacionadas con el estrés y el dolor* (Barcelona, España: Grijalbo, 2011), pág. 25.

Esta afirmación contiene una serie de contradicciones que más adelante explicaré. No obstante, es un mensaje muy atractivo para nuestra era, para nuestros oídos y para nuestro engañoso corazón.

Para contrastar la degradación del cuerpo y su propio concepto hasta nuestros días, es necesario hacer una separación de conceptos entre la antropología filosófica (en este libro nos concentramos mayormente en las ideas griegas) y la antropología cristiana. Esta última se limita a la revelación bíblica donde encuentra el fundamento sólido, extenso y absoluto sobre la composición del ser y por lo tanto, el valor real del cuerpo humano.

Vamos a comenzar desarrollando un análisis general y progresivo del pensamiento filosófico griego. Durante la Edad Antigua, la percepción y las maneras de ver el cuerpo estaban del todo arraigadas en las tradiciones griegas que, bajo su gran influencia de pensamiento, crearon una especie de atmósfera que contagiaba y cambiaba la forma de pensar de sus escuchas. Es inevitable no detenernos en la tensión que generaba el concepto que rodeaba al cuerpo dentro de las academias y las religiones que diferían del pensamiento griego clásico.

El cuerpo era el medio con el que se desarrollaban todas las acciones deportivas en la era de los JJ. OO., pero dejémoslo claro: el cuerpo no solo es útil para las cuestiones de índole deportiva. El cuerpo es el medio por excelencia para el desarrollo de todas las acciones humanas: la socialización, la producción y el servicio a Dios y los semejantes. No podemos olvidar bajo ninguna circunstancia que *el cuerpo fue creado por Dios*. Hacer a un lado esta verdad por la presión cultural del momento y la imposición del razonamiento y credo de un sistema religioso o científico autoritario llevará siempre a la confusión y al error.

Es importante destacar que los JJ. OO. tenían su trasfondo religioso. Cada cuatro años, en verano, tenían lugar en el santuario de Olimpia. Durante su celebración, una *tregua* sagrada detenía las guerras entre los pueblos. El Dr. Ian Jenkins, conservador en jefe de las colecciones de la Grecia clásica del Museo Británico, en una entrevista sobre ello menciona lo siguiente:

> Los dioses en la antigua Grecia eran omnipresentes, y todo lo que se hacía era en nombre de la religión. Por eso, el atletismo no era la excepción. Los JJ. OO. eran un evento religioso marcado en el calendario de los griegos. No solamente había eventos centrados en las competiciones atléticas, también había eventos centrados en el santuario de Zeus. El festival terminaba con un sacrificio de las reses, que se mataban, se asaban y se compartían entre todos los asistentes al festival.[3]

La influencia sobre el cuerpo

Para poder entender la importancia de fundamentarnos sobre una base bíblica y no subjetiva sobre el cuerpo, nos adentraremos en la degradación conceptual y la tensión a la que el cuerpo se ha visto sometido en la historia de su actor de reparto, el ser humano.

Los griegos han sido la principal fuente de influencia de pensamiento de casi toda la cultura occidental. No vamos a negar los grandes aportes que esta cultura brindó a la política, a la educación y la reflexión de pensamiento. Sin embargo, también influyó de forma negativa en la revelación bíblica de qué es el hombre, y por lo tanto, qué es el cuerpo. El dualismo antropológico que embarga el eje central de la filosofía griega, representado en sus principales divulgadores como Platón y Aristóteles, ha llegado hasta los corazones de quienes vivimos en el siglo XXI y, por desgracia, al púlpito de ciertos grupos cristianos.

---

3. Diputación de Alicante, «La belleza del cuerpo. Arte y pensamiento en la Grecia Antigua», 2009. https://www.youtube.com/watch?v=XQykUxjwNZg&list=WL&index=19

La Real Academia Española (RAE) define el dualismo[4] como la creencia religiosa de pueblos antiguos que consistía en considerar el universo como formado y mantenido por el concurso de dos *principios igualmente necesarios y eternos*, y por consiguiente *independientes* uno de otro. Ahora presta atención a la segunda definición que ofrece la Real Academia sobre dualidad: «Doctrina que explica el origen y naturaleza del universo por la acción de dos esencias o principios *diversos y contrarios*».

Ese es el dualismo que desfila desde la antigua Grecia hasta nuestros días. Esta corriente de pensamiento fue el devenir de una tragedia antropológica en la que el cuerpo se enfrentaría durante los siglos posteriores a su contrincante por excelencia: el alma. Es evidente que el principio bíblico sobre el *ser* del hombre no habla bajo ninguna circunstancia sobre una dualidad, donde el cuerpo y el alma son contrarios y el alma es lo único que busca y agrada a Dios. Sin embargo, es transcendental evidenciar las diferencias entre el dualismo en un formato comparativo y el dualismo en términos antropológicos. En formato comparativo, es ideal para generar un contraste entre dos elementos contrarios, como por ejemplo, el bien y el mal. Estas son fuerzas diversas y contrarias porque de una proceden el orden, lo justo y lo bueno, y de la otra proceden el caos, la injusticia y el mal. Por el contrario, el dualismo antropológico produce un desinterés marcado por uno de los elementos que constituyen *el todo* del hombre. Lo terrible de todo esto es que esta especie de dualismo es la realidad y evidencia en muchas iglesias.

El dualismo antropológico que mayor impacto ha tenido, al menos en los siguientes siglos, surgió con Platón. El dualismo de Platón (427 a. C.) define al alma como la *mejor parte* del ser humano, y el cuerpo, por lo tanto, es la prisión del alma. El cuerpo con todos sus apetitos (sexuales, comida, poder, fortuna) es lo que

4. https://dle.rae.es/dualismo#

daña al alma. En relación con el cuerpo, Platón afirma en el Fedón:

> Nos colma de amores y deseos de miedos y de fantasmas de todo tipo, y de una enorme trivialidad [...]. Porque, en efecto, guerras, revueltas y batallas ningún otro las origina sino el cuerpo y los deseos de éste. Pues a causa de la adquisición de riquezas se originan todas las guerras, y nos vemos forzados a adquirirlas por el cuerpo, siendo esclavos de sus cuidados. Por eso no tenemos tiempo libre para la filosofía, con todas esas cosas suyas. Pero el colmo de todo es que, si nos queda algún tiempo libre de sus cuidados y nos dedicamos a observar algo, inmiscuyéndose de nuevo en nuestras investigaciones nos causa alboroto y confusión, y nos perturba de tal modo que por él no somos capaces de contemplar la verdad.[5]

Platón sostenía que el alma era eterna (o al menos, una de sus tres partes), y que cuando su prisión (el cuerpo) moría, esta buscaba dónde volver al mundo sensible. Esta idea prácticamente abre un camino a la reencarnación y múltiples ideas que divergen con la revelación de Dios en la Escritura. El dualismo platónico presenta una degradación de lo que constituye al ser humano.

Por su parte, Aristóteles (384 a. C.) —aunque era alumno de Platón y coincidían en sus diversas formas de ver la vida—, difiere en la postura antropológica de su maestro Platón.

Aristóteles señala que la virtud humana se define no por el cuerpo, sino por el alma. Sostiene, en primer lugar, que el alma no es eterna,

5. Idea basada en Biblioteca virtual Miguel de Cervantes. Platón, «Diálogos: Fedón, o de la inmortalidad del alma; El banquete, o del amor; Gorgias, o de la retórica. Fedón, o de la inmortalidad del alma» https://www.cervantesvirtual.com/obra-visor/dialogos-fedon-o-de-la-inmortalidad-del-alma-el-banquete-o-del-amor-gorgias-o-de-la-retorica--0/html/0005c9fc-82b2-11df-acc7-002185ce6064_10.html#I_0_

y por lo tanto, su fin se produce con la muerte. El alma, según el argumento aristotélico, tiene tres partes: el alma nutritiva, el alma sensitiva y el alma racional. El alma nutritiva es la que comparten todos los seres. El alma sensitiva, en el caso de los animales, es la que les permite reaccionar a los estímulos del hambre y el sentido de protección. Por el contrario, el alma racional es de estricta pertenencia del ser humano. Ahora bien, la manera en la que el cuerpo reacciona a esta trilogía antropológica apunta a que el cuerpo es forjado por elementos del alma material y que están unidos entre sí, produciendo así el alma nutritiva nuestro sistema digestivo, el alma sensitiva nuestro cerebro y estructura muscular, y finalmente, el alma racional nuestra mente. Esta propuesta sugiere que el alma está formada de elementos *materiales* que conforman nuestro cuerpo, y si el fin del alma es la muerte, por lo tanto también lo es para el cuerpo.[6]

Hasta el momento, hemos observado cómo el esfuerzo humano por definir al *ser* ha desencadenado toda una serie de conceptos que inhiben la dignidad humana provista por el propio Creador. El apóstol Pablo, en Romanos 1:18-25, nos recuerda las consecuencias de un corazón incrédulo y que resiste la verdad revelada. Sin duda alguna, el cuerpo humano, creación del Todopoderoso, es deshonrado en toda su complejidad y sus funciones, como lo expresa Romanos 1:26-27:

> Por esto Dios los entregó a pasiones vergonzosas; pues aun sus mujeres cambiaron el uso natural por el que es contra naturaleza, y de igual modo también los hombres, dejando el uso natural de la mujer, se encendieron en su lascivia unos con otros, cometiendo hechos vergonzosos hombres con hombres, y recibiendo en sí mismos la retribución debida a su extravío.

---

6. Aristóteles, *Ética a Nicómaco* (Barcelona, España: Editorial Gredos, 2022), conceptos sintetizados de las págs. 48-50.

La distorsión dualista del ser también trae consigo la distorsión del cuidado corporal. La descomposición del cuerpo y su significado comenzó con la caída en el Edén (Gén. 3) y a partir de entonces, el hombre se fue alejando de su Creador, paso a paso, y por cada paso que daba en busca de su propia autodefinición, traía confusión, duda, apatía, consternación, y toda clase de irresponsabilidad para con el regalo del cuerpo dado desde el inicio de los tiempos. Un vendaval que solo iba *in crescendo.*

El inicio de la trama

En 356 a. C. nace uno de los líderes militares más importantes de la Edad Antigua, el gran Alejandro Magno. Tan solo habían pasado veintiocho años aproximadamente desde las afirmaciones antropológicas del *ser* del hombre pronunciadas por Aristóteles, y entonces, entra en la historia de Grecia aquel que sería heraldo de toda una cultura que estaba a punto de provocar una tormenta ideológica en cuanto al ser y a la forma de concebir el mundo. A los trece años de edad, Alejandro fue puesto bajo la tutela de Aristóteles, quien lo formó al menos por tres años en el pensamiento griego, estética, filosofía, biología, política y ética. Sus enseñanzas eran recibidas al aire libre y sentados sobre piedra, mientras se suministraban aquellos pilares que cambiarían la forma de considerar la vida en todo Occidente. Alejandro fue guerrero macedonio a los catorce años, general a los dieciocho, rey a los veinte y a los treinta años de edad, ya estaba dirigiendo uno de los imperios más grandes jamás conocidos.

El período helenístico tiene su preludio con la muerte de Felipe II de Macedonia y la coronación de su hijo Alejandro. Pero realmente todo tiene su origen en la muerte de Alejandro Magno (323-31 a. C.). La etapa helenística es una expansión cultural y de pensamiento. La muerte de Alejandro Magno produce cambios a nivel *conceptual* en los ciudadanos griegos, y la identidad está contra las cuerdas. El helenismo es un mundo en crisis.[7] La helenización es el adoctrinamiento del pensamiento griego a toda costa. Hay una crisis en la identificación de la persona. La caída de la polis produce un efecto inmediato en el entendimiento de uno mismo en las familias griegas. Las polis eran las ciudades griegas que se constituían con un teatro, una plaza pública y un gimnasio. Sin la polis, sin la ciudad, el ciudadano perdió identidad, rumbo, razón de ser. El ciudadano es una pequeña parte de la ciudad, y ahora que ya no es lo que era, no sabe cuál es su papel en la sociedad, en la vida misma.

Para poder comprender la influencia helenística que ha llegado hasta nuestros procesos saludables hoy en día, es necesario atravesar al menos a vuelo de pájaro lo que significó el helenismo antes de la llegada de Cristo y por qué entonces las grandes tensiones que estaban por llegar se centrarían en el cuerpo, el conocimiento de la verdad, el pensamiento teológico, las ciencias, el arte y por consiguiente el fin último del hombre. Adentrémonos en el maravilloso viaje del pensamiento y por qué el cristianismo tiene algo que decirnos respecto a la identidad del cuerpo y el desenlace del nacimiento de la mayordomía corporal bíblica.

La MCB en acción

No hay mejor lectura que aquella que se lleva a la práctica. Hoy desarrollaremos otro tipo de entrenamiento que personalmente me encanta. Lo llamo «pago de factura».

Instrucciones:

Este entrenamiento consiste en completar todo el número de repeticiones de todo los grupos de ejercicios en un tiempo definido.

---

7. Fundación Juan March. Ignacio Pajón Leyra, «Introducción a la filosofía helenística: el escepticismo y el cinismo». 10 de mayo de 2022. https://canal.march.es/es/coleccion/introduccion-filosofia-helenistica-escepticismo-cinismo-39296

Rutina:

Tiempo: 45′	Ejercicios	Imagen	Número de repeticiones
	✓ Flexiones de rodilla/pared		40
	✓ Sentadilla/ sentadilla en banco	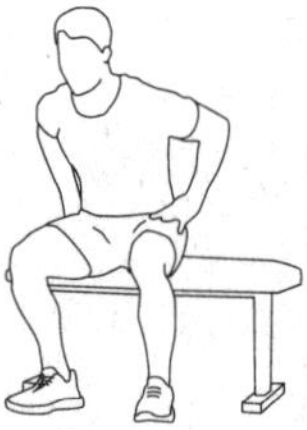	40
	✓ *Sit up*		40
	✓ Peso muerto	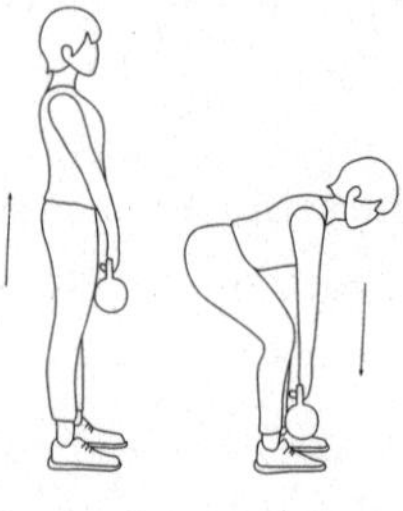	40

Debes completar en 45 minutos toda la carga del entrenamiento. Puedes ir realizando cada carga de diez en diez hasta llegar al número de repeticiones pedidas. Si notas demasiado cansancio a lo largo del entrenamiento, puedes tomar un tiempo de descanso de un minuto entre cada serie. Sin embargo, ten en cuenta que el tiempo sigue corriendo.

Nota de tu entrenador: mantén esta rutina por al menos dos semanas. Puedes variar su intensidad con los siguientes valores:

Número de repeticiones: +5
Número de series: x4, x5.
Tiempo de descanso: (+) o (-) descanso del que realizas.
Realizando una progresión del ejercicio: de flexiones de rodilla a estrictas, por ejemplo. De sentadilla en banco a sentadilla libre (sin silla). En el peso muerto, puedes añadir más peso o realizar una progresión a peso muerto con una pierna.
Cambia la metodología del entrenamiento: puedes realizar entrenamiento por cumplimiento de series; es decir: seis series de diez repeticiones de cada ejercicio, por ejemplo.

Capítulo 8

El griego que llevas dentro

Este no es un libro de historia, sino uno que trata sobre la mayordomía y el cuidado del cuerpo desde la cosmovisión cristiana. Pero para llegar a detectar, escudriñar y profundizar en el problema de la mayordomía de nuestros cuerpos en nuestra era e iglesia actuales, es necesario observar con detenimiento al menos las conexiones principales de la historia de la cultura occidental y el nacimiento del cristianismo. De aquí provienen estos grandes problemas del cuidado corporal. Hay personas consagradas a la vida saludable y que no consideran el cuerpo como creación de Dios. Asimismo, están los que consideran el cuerpo como creación de Dios pero argumentan contra el ejercicio, utilizando la Escritura como fuente principal. Por otro lado están los que deberían cuidar el cuerpo por conocimiento de qué es el cuerpo y lo que significa según las Escrituras, pero que carecen de acción en esta área. Además, sin duda, la degradación de nuestros cuerpos se intensifica cada día más en nuestra sociedad y, tristemente, en muchos grupos denominados cristianos.

Una nueva realidad

El mundo se ha vuelto oscuro. Hay mucho miedo, terror, espanto; la niebla ha llegado al corazón de todas aquellas personas donde el helenismo logró llegar. La caída de la polis ha sacudido a grandes y pequeños. Las ciudades estados habían comenzado a conformarse en

Grecia aproximadamente en el 800 a. C., en el tiempo de los grandes profetas de Israel.[1] La unidad de las ciudades griegas, que se había promovido por medio del ya fallecido Alejandro Magno, estaba colisionando por el nuevo sistema político que se estaba conformando. Sus generales de confianza fueron dotados de dirección y consejo por el propio Alejandro momentos antes de fallecer, y terminaron por definir sus propios territorios, regiones y liderar sus ciudades. Por el contexto y las *aparentes necesidades* del momento, surgieron nuevas preguntas que necesitaban nuevas respuestas. Habían olvidado por completo la razón de su existencia. Las grandes preguntas sobre el cuerpo y la razón del ser ahora ya no tenían importancia, porque todo había cambiado. Las preguntas ontológicas, filosóficas y teológicas pasaron a un segundo plano por un interés marcado en la filosofía que apunta a la ética y la política, y algunos dirán que a la felicidad.

Este era el contexto de Grecia, de la transformación de la Grecia clásica a lo que había de venir. Durante esta misma etapa pero en otra historia —la del pueblo de Israel—, se había marcado un silencio desde la última vez que Dios habló por medio del profeta Malaquías, en 400 a. C. La colisión de pensamientos que estaban a punto de encontrarse era inevitable.

En todo el Antiguo Testamento, no hay una alusión directa al cuerpo, o al menos al cuidado del cuerpo por parte del pueblo de Dios. Sin embargo, la Biblia revela la dignidad de los cuerpos. En comparación con la mayoría de las religiones y sistemas de pensamientos, tanto el Antiguo como el Nuevo Testamento le otorgan valor al cuerpo humano. Los elementos fundamentales para una gran tormenta se habían alineado perfectamente. Por un lado, tenemos un pueblo avanzado en ciencia, arte, estética, arquitectura, biología, política y ejercicio físico, y por otro lado, tenemos a un pueblo judío que carece de todos estos avances tecnológicos, y que su desarrollo como pueblo siempre ha sido bajo la dictadura de

---

1. *Diccionario Bíblico Holman*, pág. 682, «Grecia; desarrollo histórico».

otros reinos sobre ellos. En el mundo judío de tal época no existe la concepción del culto al cuerpo; sus esfuerzos se centraban en el desarrollo espiritual del ser.

El pueblo judío fue sometido por los babilonios (606-539 a. C.). Durante ese período de tiempo se produjeron hechos históricos como la conquista de Nabucodonosor sobre Judá, la destrucción del templo de Jerusalén, la caída de Babilonia ante Ciro —el líder más poderoso de aquel entonces, lo cual permitió que los judíos exiliados regresen a Jerusalén—, y se trabajó en la reconstrucción del templo en Jerusalén para edificar el segundo templo (Esd. 5:2). Y casi 134 años después de la última palabra de Dios a través del profeta Malaquías, los griegos estaban al acecho.[2] A continuación, tuvieron una breve brecha de independencia e inmediatamente llegó el dominio de Roma.

Así que, mientras tanto, la batalla cultural de Grecia era la de imponer de manera activa y pasiva sus tradiciones, su lengua y todas las maneras y formas de observar la realidad. Para los griegos, la vida de los hombres y mujeres no pertenecientes a la familia griega era vista como inferior. Debido a la degradación de la identidad que se estaba produciendo en todas las ciudades a causa de la nueva realidad que estaba resurgiendo, nacieron como respuestas a estas dudas escuelas y corrientes filosóficas que hasta el día de hoy están más que latentes en muchos procesos saludables y maneras de ver la vida.

El epicureísmo, el estoicismo y el neoplatonismo son las escuelas ortodoxas que se levantaron como una alternativa de respuesta a las preguntas que recorrían las calles y que se manifestaban en el seno de la familia griega y sus cercanías. Otras corrientes filosóficas alternativas y menos ortodoxas alzaron su voz. El escepticismo y el cinismo también se manifestaron en medio de aquella pluralidad de pensamiento que estaba brotando en todas las Alejandrías. Es

2. Andreas J, Kostenberger, L. Scott Kellum, Charles L. Quarles, *El cordero y el león* (Nashville, TN: B&H Español, 2021), ideas tomadas de las págs. 24-25.

necesario que definamos brevemente cada una de estas posturas para observar por qué en el siglo XXI la práctica del ejercicio y la vida saludable en muchas esferas cristianas es un aparente error.

I) El epicureísmo es una forma filosófica vertebrada por el vínculo de la amistad. En medio de aquella crisis de miedo, este dogma se presentó como la vía para la eliminación del miedo a través de la conexión con los más cercanos, con la familia, y la búsqueda del placer racional. El epicureísmo define a la felicidad como el bien mayor. La conquista de la felicidad individual debe reinar. Epicuro, en una de sus reflexiones, dijo: «La filosofía es una actividad que con discursos y razonamientos procura una vida feliz. Vana es la palabra del filósofo que no remedia ningún sufrimiento del hombre. Porque, así como es de inútil la medicina si no suprime las enfermedades del cuerpo, también lo es la filosofía, si no suprime las enfermedades del alma».[3]

II) El estoicismo, por su parte, es todo lo contrario. Es una forma de filosofía cimentada en el aguante, en la capacidad de sobrellevar las vicisitudes que depare el destino. Si el epicureísmo se desarrollaba en el jardín de Epicuro, el estoicismo se llevó a las plazas públicas[4].

III) El neoplatonismo, básicamente, es un resurgir del pensamiento de Platón, pero en cierto sentido perfeccionado y actualizado al contexto. Con una influencia más romana surge casi al final de la era helenística, pero intenta aportar a la crisis de identidad. Su hilo conductor se desarrolla a partir de la incidencia filosófica, ontológica y hasta teológica (pero una teología distanciada de la revelación bíblica), buscando redefinir el papel del ser humano en el mundo, vinculando al ser divino en relación a él mismo y su relación con el mundo.[5]

---

3. https://canal.march.es/es/coleccion/filosofia-helenistica-epicuro-algunos-epicureos-39501
4. https://www.march.es/es/madrid/conferencia/filosofia-helenistica-busqueda-felicidad-estoicismo-filosofia-como-practica
5. https://www.march.es/es/madrid/conferencia/filosofia-helenistica-busqueda-felicidad-neoplatonismo

El mismo corazón

La sociedad de ese entonces no era tan diferente a la nuestra. La multitud de pensamientos y las nuevas alternativas del saber, los nuevos modelos de vida, los nuevos métodos, formas, sistemas y maneras de proceder eran tan diversos como lo son hoy. De alguna extraña manera, estas escuelas de pensamiento han viajado y calado inconscientemente en la vida de muchos cristianos de nuestra era. Si observamos con detenimiento estas posturas, nos daremos cuenta de que están apuntando al centro del corazón del hombre; buscan transformar y modificar la manera de ver la vida en la que el ser humano es amo y señor de sí mismo.

El pluralismo de pensamiento trae riqueza intelectual, pero en los procesos saludables y en la vida no necesitamos pluralismo de pensamiento, necesitamos conocer la verdad. Cuando conocemos la verdad, entonces conocemos nuestra identidad. Cuando conocemos nuestra identidad, conocemos el propósito para el cual estamos vivos. Y cuando conocemos el propósito para el cual estamos vivos, entonces toda nuestra energía, dones y talentos dados por Dios nos son provistos para darle gloria en todo, con pasión y sin medida.

El gran problema de Grecia es el de muchos hoy: no saben quién es Dios, no saben quiénes son y, por lo tanto, no saben lo que sus cuerpos significan. Los griegos buscaban sabiduría (1 Cor. 1:22); habían puesto su confianza en su formas políticas, en sus avances tecnológicos, en el falso cuidado saludable de sus cuerpos; y cuando vino la tormenta, arrasó con la casa que estaba construida sobre la arena del yo. El fundamento de los griegos no era Dios; era su propia sabiduría. La degradación y la deshonra del cuerpo se producen en primer lugar por no conocer al Creador del cuerpo, lo que llevará a realizar cualquier tipo de acción con el cuerpo en la cual la gloria de Cristo no sea el eje central.

Sin embargo, Dios había prometido a Abraham que iba a hacer de él una nación grande:

> Y haré de ti una nación grande, y te bendeciré, y engrandeceré tu nombre, y serás bendición. Bendeciré a los que te bendijeren, y a los que te maldijeren maldeciré; y serán benditas en ti todas las familias de la tierra (Gén. 12:2-3).

Dios eligió un pueblo para glorificarse en ellos y mostrar a todas las naciones que Él es el único y verdadero Dios. La revelación progresiva de Dios a través de la historia del pueblo de Israel es más que convincente. Mientras los griegos se levantaban como un gran imperio, el pueblo de Dios tenía la ley moral (Ex. 20:1-21) para saber cómo vivir. Mientras se desarrollaban los JJ. OO. y los griegos celebraban el derroche de su imperio, otros se maravillaban de ver los mares abiertos (Ex. 14:21), de contemplar cómo el verdadero Dios cumplía Sus promesas al sacarlos de Egipto y llevarlos a una tierra mejor (Deut. 1).

Esto no acabaría aquí. La Grecia unida de Alejandro Magno estaba en una profunda crisis, la división de microgobiernos griegos rompió la relación entre ciudades; ahora ya no solamente había una crisis de identidad sino también una territorial. El *cumplimiento del tiempo* estaba por llegar (ver Gál. 4:4). Los vientos que recorrían las calles de todo el vasto territorio griego eran de incertidumbre, y las noticias más desesperanzadoras estaban a punto de llegar.

La gran Grecia —con su contribución a la humanidad en el campo que nos concierne, sus aportes a la actividad física, el deporte, el ejercicio físico, las instalaciones gimnásticas, la palestra, la medicina, etc.— estaba a punto de dar un salto estrepitoso. Después de numerosos frentes de batalla por parte de la entonces república romana, la feroz batalla entre Flaminio —político y militar del siglo III a. C.— y el rey Filipo V de Macedonia estaba a punto de dar a luz y preparar el terreno para la llegada de Cristo, el cual transformaría para siempre la historia y la vida de todos los que lo seguirían, y daría a conocer la sabiduría oculta (1 Cor. 2:7) y el poder de Dios. El apóstol Pablo, en su primera carta a los corintos, escribe:

> Mas hablamos sabiduría de Dios en misterio, la sabiduría oculta, la cual Dios predestinó antes de los siglos para nuestra gloria. La que ninguno de los príncipes de este siglo conoció, porque si la hubieran conocido, nunca habrían crucificado al Señor de gloria (1 Cor. 2:7-8).

Cuando Roma invadió Macedonia, tenía unos 23 000 soldados y 2 000 en caballería. Por su parte, el rey macedonio contaba con 16 000 soldados y unos 9 000 en caballería de ciudades aliadas. Aquella mañana, en la pequeña ciudad de Escotusa, las calles estaban desoladas, las familias refugiadas debajo de sus techos, la vida de los mercados había desaparecido y se escuchaba al fondo de las casas cerradas los niños griegos que levantaban sus espadas de madera imitando a su líder Alejandro. El sonido de las trompetas de guerra aceleraba los corazones, una niebla cubría todo el terreno de la lucha, miles de soldados romanos corrían y alzaban su voz con gritos de guerra, los macedonios se apresuraban para hacer frente a la hegemonía romana, y al final, sucedió lo inevitable. El combate había comenzado. Después de la ardua contienda, Roma salió triunfante. Así daría comienzo el proceso de conquista romano por todas las ciudades griegas hasta que, en 146 a. C., Roma terminaría por conquistar brutalmente en la batalla en la ciudad de Corinto.

La MCB en acción

Sé que estamos viajando en el tiempo, pero ahora es momento de viajar hacia el entrenamiento de hoy. Una de las cosas que producen estancamiento cuando entrenamos es el cambio constante de ejercicios. Por esa razón, en este libro y su progresión de entrenamiento no realizaremos miles de ejercicios, sino más bien apuntaremos a volvernos fuertes en los básicos de fuerza: sentadilla (empuje), remo (tracción), flexión (empuje) y peso muerto (tracción/empuje). Lo mejor de un programa de entrenamiento es poder producir diferentes estímulos a partir del volumen, la carga, la intensidad y el tipo de entrenamiento. Más adelante, trabajaremos la movilidad y te daré algunos pasos para ir de menos a más.

Instrucciones:

En el anterior entrenamiento, trabajamos con la metodología EMOM. Para esta ocasión, vamos a subir la intensidad y trabajaremos un AMRAP, con la misma dinámica del capítulo 3. Antes de comenzar, puedes realizar un tiempo de calentamiento, en el que puedes incluir movilidad básica articular: movimiento en círculo de tus brazos, flexión de rodillas simultáneas, movilidad de muñecas y aumento progresivo de tus pulsaciones con un ligero trote en el mismo espacio.

Rutina:

Tiempo: 15′	**Ejercicios**	**Imagen**	**Número de repeticiones**
	✓ Flexiones de rodilla/pared / estricta		5
	✓ Sentadilla/ sentadilla en banco/ sentadilla tipo copa		5

	✓ *Sit up*		5

Debes completar en quince minutos toda la carga del entrenamiento sin descanso. Sin embargo, si notas demasiada exigencia, puedes descansar por cada ronda un máximo de treinta segundos. Nuevamente, ten en cuenta que el tiempo sigue corriendo. Paso a paso te estás haciendo más fuerte, y esa es la meta.

Nota de tu entrenador: mantén esta rutina por al menos dos semanas. Puedes variar su intensidad con los siguientes valores:

Número de repeticiones: +5

Número de series: x4, x5.

Tiempo de descanso: (+) o (-) descanso del que realizas.

Realizando una progresión del ejercicio: de flexiones de rodilla a estrictas, por ejemplo. De sentadilla en banco a sentadilla libre (sin silla).

Cambia la metodología del entrenamiento: puedes realizar entrenamiento por cumplimiento de series; es decir: 5 series de 10 repeticiones de cada ejercicio.

La influencia griega

Roma conquistó territorialmente a Grecia, pero Grecia inyectó todo o al menos gran parte de su pensamiento en la sociedad romana. Grecia perdió la batalla, pero conquistó los corazones de aquellos que la habían vencido. La cultura romana incorporaría a su forma de vida gran parte de la filosofía griega. No tuvieron ningún problema en agregar más dioses, puesto que eran de tradición politeísta, pero percibirían el ejercicio y el cuerpo de una manera muy diferente a los griegos.

En la conocida edad de oro griega, con su entonces máximo líder el gran Pericles (495-429 a. C.), florecerían en Grecia el arte, la arquitectura, el teatro y el gimnasio. Seguramente no tenían la mínima idea de la gran influencia que tendrían en el mundo hasta ese momento conocido y, por supuesto, la que siglos más adelante estaba por descubrirse. Para hacernos una idea general de la exorbitante influencia helenística mundial en la que predicaron Jesús y Sus discípulos, veamos las siguientes evidencias:

En primer lugar, la Septuaginta. Es la primera traducción griega más antigua del Antiguo Testamento. Gran parte de las citas del Antiguo Testamento que aparecen en el Nuevo Testamento son de la Septuaginta. En segundo lugar, todos los libros del Nuevo Testamento se escribieron en idioma griego; por lo menos cinco se escribieron a iglesias en ciudades griegas: Filipenses, 1 y 2 Corintios y 1 y 2 Tesalonicenses. El cristianismo ganó un medio para la propagación de las buenas nuevas al ser el griego la lengua del momento. En tercer lugar, contamos con evidencia de que los judíos hablaban tres idiomas en mayor o menor grado: griego, hebreo (arameo) y latín. La inscripción que reconoce la acusación contra Jesús se escribió en esos tres idiomas (Juan 19:20).

Con el nacimiento de la nueva era grecorromana, nos encontraremos con iguales y diferentes formas de comprender la realidad que se ha instaurado. No profundizaré en los aspectos culturales de estas naciones, sino más bien daré un panorama lo suficientemente general para comprender a grandes rasgos su influencia en el ámbito del cuidado corporal o ejercicio. Así que la cultura griega que conocimos ahora pasaría a ser llevada a todo lugar por sus seguidores, y llegarían las herejías poscristianas.

Uno de los grandes problemas de nuestro cristianismo actual —o al menos, según lo he vivido en carne propia desde mi profesión como entrenador— es la separación que se ha intensificado entre lo espiritual y lo material. Diría yo que este conflicto se ha acrecentado en los últimos cincuenta años. Varios elementos han producido que los cristianos de esta temporada nazcan ya con el «chip» incrustado de ver el ejercicio y el cuerpo como agentes no compatibles con la vida cristiana. La proliferación de contenido en internet y las redes sociales sobre el tema son innumerables. A esta forma de pensamiento se refería el apóstol Pablo cuando le habló a su discípulo Timoteo de la falsa ciencia. Pablo advirtió a Timoteo que se guardara de los argumentos de la «falsamente llamada ciencia» (1 Tim. 6:20). Esto aparentemente se relaciona con una forma temprana de gnosticismo, que enseñaba un dualismo entre la materia y el espíritu, menospreciando todas las cosas creadas. Más adelante, cuando hable sobre lo que considero nutrición bíblica, utilizaré este mismo pasaje como evidencia de las erróneas consideraciones para con la alimentación (ver 1 Tim. 2:14-15; 4:1-3).

Pero esto no acabaría aquí. El encuentro entre Atenas y Jerusalén estaba por llegar. Esta brecha histórica nos ayudará a comprender algunos pensamientos que recorren nuestra era actual sobre el cristianismo, el cuerpo y el ejercicio. Con la nueva realidad grecorromana y el cristianismo que estaba a punto de adentrarse en la historia de la humanidad, vamos a desarrollar el éxtasis de la trama del cuerpo, su historia y la llegada de su Creador y Señor. Si para los griegos, el mundo estaba oscuro y en caos, para el pueblo escogido de Dios, la luz del alma y el cuerpo estaba por alumbrar con todo Su esplendor.

Capítulo 9

Choque de trenes

Hace un par de años era entrenador en una de las cadenas de gimnasios más importantes de Barcelona. Después de varios procesos de selección, por fin pude dedicarme al entrenamiento. El gimnasio en donde trabajaba se caracterizaba por la preparación académica de sus entrenadores. Era un plus enorme para quienes se incorporaban a la plantilla. Después de varios meses en capacitación, conociendo además de mi club los diferentes clubs dispersos por todo Barcelona, pude ver la cultura interna que existe en cada espacio de *fitness,* sobre todo en el espacio denominado sala de musculación.

Barcelona tiene su propia cultura, pero dentro de los gimnasios de la ciudad —y creo que en los gimnasios de todo el mundo— se vive otra realidad, una cultura silenciosa que atrapa los corazones. Lo puedes experimentar en tu país entrando a un gimnasio y observando con atención el lenguaje, las formas y el ambiente, específicamente en esa sala mencionada. No quiero ser desmesurado, pero viendo ciertas reacciones de círculos ultraconservadores, para muchos hoy en día, ir a un gimnasio parece o es igual que pisar un escalón del infierno, y evidentemente esa sensación tiene su historia.

Cuando Alejandro Magno conquistó Palestina en 332 a. C., la cultura griega se introdujo en Israel incorporando juegos y competencias. En contraste con la cultura hebrea, para la cultura helenista (griega), los juegos y los eventos competitivos ocupaban una parte central en la vida. Para convertirse en buenos ciudadanos, los jóvenes griegos recibían entrenamiento intelectual y físico. Los Juegos Olímpicos son una muestra de la importancia de las competencias atléticas en la cultura griega. En la era romana, los eventos competitivos continuaron, pero con un énfasis claro en los eventos de combate como la lucha de gladiadores y animales exóticos.

Como resultado de la conquista de Alejandro en Palestina, comenzaron a aparecer los gimnasios en Israel.

El encuentro entre Atenas y Jerusalén

Durante el reinado de Antíoco IV Epífanes, descendiente de uno de los generales de Alejandro que gobernó en Palestina, comenzaría el choque cultural entre la identidad judía y el politeísmo griego. El helenismo comenzó a captar los corazones de ciertos sectores judíos, que pasarían a llamarse judíos helénicos. Entonces, por una parte, tenemos a los judíos del sector más conservador, y por otro lado a los judíos helenizados con hambre de poder. Toda una facción en el centro de la identidad.

El libro de Macabeos relata la breve historia del choque de cosmovisiones en todo su esplendor. En 2 de Macabeos 4:7-15,[1] dice lo siguiente:

> **Antíoco IV Epífanes: introducción de costumbres paganas en Israel**
>
> Cuando Seleuco murió, lo sucedió Antíoco, conocido con el nombre de Epífanes. Entonces Jasón, hermano de Onías, compró con dinero el cargo de sumo sacerdote; en una entrevista con el rey, prometió darle once mil ochocientos ochenta kilos de plata como tributo, más otros dos mil seiscientos cuarenta de entradas adicionales. Se *comprometió*, además, a

1. 2 Macabeos 4:7-17, DHH.

> pagar casi cinco mil kilos de plata, si lo autorizaba a establecer, por cuenta propia, *un gimnasio* y un centro de deportes y cultura griega, y si daba a los habitantes de Jerusalén el derecho de ciudadanos de Antioquía. El rey le concedió lo que pedía, y desde que Jasón tomó posesión del cargo, *fomentó entre sus compatriotas la manera griega de vivir.* Renunció a los privilegios que bondadosamente los reyes habían concedido a los judíos por intercesión de Juan, el padre de Eupólemo. Este Eupólemo es el mismo que fue enviado a hacer un tratado de amistad y pacto con los romanos. Jasón suprimió además las costumbres conformes con la ley e introdujo otras contrarias a ella. Se apresuró a construir un gimnasio al pie de la ciudadela, e hizo que los jóvenes más sobresalientes se dedicaran a los ejercicios del gimnasio. La extremada maldad del impío y falso sumo sacerdote Jasón hizo que por todas partes se propagara la manera griega de vivir, y que aumentara el deseo de imitar lo extranjero. Así, los sacerdotes dejaron de mostrar interés por el servicio del altar, y ellos mismos, despreciando el templo y descuidando los sacrificios, en cuanto sonaba la señal se apresuraban a ayudar a los luchadores a entrenarse en los ejercicios prohibidos por la ley. Despreciaban por completo los honores de la propia patria, y estimaban en sumo grado las glorias de los griegos.

Aquí nos encontramos con una lucha interna entre la adopción de las nuevas costumbres griegas y el estilo de vida judío. No nos introduciremos en el desarrollo histórico de la famosa revuelta de los macabeos que todas estas tensiones provocarían, pero sí me centraré en matizar los diferentes puntos de vista que el pensamiento judío, griego y romano tienen sobre el cuerpo y, en consecuencia, sobre el ejercicio físico que más adelante terminaré por considerar.

No tenemos mucha información sobre el cuidado corporal de parte del pueblo judío ni sobre juegos organizados de ningún tipo.

De hecho, tenemos algo de información al menos de presencia de actividad física o de habilidades que con frecuencia se mencionan en el Antiguo Testamento —como el maratón en 1 Samuel 8:11, la arquería 1 Samuel 20:20, el tiro con honda en 1 Samuel 17:49, o la lucha en Génesis 32:24—, y todas estas acciones implican entrenamiento y práctica; sin embargo no hay referencias específicas a eventos competitivos.[2] Así que tenemos dos conclusiones, como señala Bryan J. Vickers: o los israelitas evitaban la competencia atlética o bien se abstenían de escribir acerca de esto. Personalmente me decanto por la segunda conclusión. Más adelante, en el pilar del conocimiento sobre el aporte del cristianismo a la educación física, profundizaré al respecto.

En referencia al cuerpo no hay registros que nos permitan identificar el distintivo que los judíos daban al cuerpo. Sin embargo, Génesis muestra el valor intrínseco del ser humano, y por lo tanto, del cuerpo. En cuanto al ejercicio físico desarrollado por los compatriotas judíos helenizados en los gimnasios, era la bomba del día. Hacer ejercicio en un gimnasio era considerado una herejía de igual de magnitud que no cumplir el sábat. Los gimnasios griegos abrían sus puertas los sábados, los ejercicios físicos se realizaban desnudos, y esto para los judíos era totalmente repudiado. Al estar desnudos, era evidente quiénes eran o no judíos por la circuncisión.

Por su parte, los griegos amaban el desarrollo de sus cuerpos; era parte de su formación académica e intelectual. No inventaron el ejercicio, sino más bien estructuraron modelos de movimientos complejos que siglos más adelante llamaríamos «ejercicio»; sin embargo, era una vía de muchas que ellos autodefinieron como un arquetipo de ofrendas religiosas para sus deidades.

Por otro lado, los romanos no buscaban la belleza de los cuerpos, no tenían una filosofía que abrazara la educación integral del individuo ni pretendían conocer la simetría y la estética. El cuerpo

---

2. *Diccionario Bíblico Holman*, pág. 919, «Juegos».

para los romanos era un medio de placer. El entrenamiento físico en niños era exclusivamente con fines militares y no educativos, como promovían los griegos. Los romanos terminarían siendo más bien espectadores y no partícipes del deporte. Con el emperador Calígula (12-41 d. C.), las famosas batallas de gladiadores y la lucha con animales salvajes era una evidencia de la demandante sed de violencia por parte del pueblo romano. Los griegos consideraban estas prácticas salvajes y bárbaras.

La llegada del Dios mayordomo

Así que ahí tenemos la sociedad a la que vendría el Hijo de Dios. Con el nacimiento de Cristo, nace la verdadera *mayordomía* corporal bíblica. Ninguna civilización, filosofía o corriente de pensamiento le ha dado valor al *ser* integral como lo hizo Cristo. Solo en la medida que tengamos una mirada apropiada del Hijo, tendremos una alta visión del evangelio y le daremos el valor que en realidad este tiene para nuestro cuerpo y espíritu. Primero, necesitamos considerar tanto Su naturaleza divina como Su gloria eterna. Cristo no comenzó Su existencia cuando nació en Belén; más bien, ha existido a lo largo de la eternidad, compartiendo igualdad con Dios tanto en naturaleza como en gloria. La deidad del Hijo de Dios es una doctrina fundamental en la fe cristiana. Jesús no es un semidios, un «dios con menos gloria». En Juan 1:1-4, encontramos una de las declaraciones más notorias de la deidad y la eternidad de Cristo. Hagamos una breve meditación al respecto verso a verso:[3]

Versículo 1: «En el principio era el *Verbo*». Esta es una alusión clara al Hijo de Dios. «Verbo» se traduce del vocablo griego *logos*, que significa «palabra» o «razonamiento». Los judíos utilizaban esta palabra de forma constante en referencia a Dios.

---

3. Paul David Washer, *Descubriendo el glorioso evangelio* (España: Editorial Legado Bautista Confesional, 2016), pág. 27.

J. C. Ryle, en sus meditaciones sobre los Evangelios, dice respecto a Juan 1–6:

> Cuando habla del «verbo» sin duda existen alturas y profundidades en esa afirmación que escapan del entendimiento humano. Y, sin embargo, hay gran cantidad de lecciones en ella que todo cristiano haría bien atesorar en su mente. En primer lugar aprendemos que nuestro Señor Jesucristo es *eterno,* no comenzó a existir cuando fueron creados los cielos y la tierra, mucho menos cuando el evangelio fue traído al mundo, ya tenía gloria con el Padre «antes de que el mundo fuese» (Juan 17:5).[4]

Versículo 1: «Y el verbo era *con* Dios». En esta afirmación, aprendemos que nuestro Señor Jesucristo es una persona diferente a Dios el Padre y, no obstante, una con Él. La frase «con Dios» denota intimidad, compañerismo, comunión y deleite que había entre el Padre, el Hijo, y el Espíritu Santo.

Versículo 1: «Y el verbo *era* Dios». En tercer lugar, aprendemos que Cristo es Dios mismo. No era un mero ángel, o un dios como los muchos de los griegos y romanos; no, Él sí era Dios.

Versículo 3: «Todas las cosas *por él* fueron hechas, y sin él nada de lo que ha sido hecho, fue hecho». Jesucristo es el Creador de todas las cosas. Él es el Ser que creó el mundo y todo lo que contiene: estrellas, átomos, mares, cielos, tierra y *tu cuerpo.*

Versículo 4: «En él estaba la vida, y la vida era la luz de los hombres». Él es la única fuente de vida. Cualquier conocimiento de Dios que la humanidad ha poseído viene del Hijo. Cualquier conocimiento que la humanidad tenga de qué es el cuerpo proviene del Hijo. Cuando algún hombre o alguna mujer ha tenido vida y

---

4. J. C. Ryle, *Meditaciones sobre los Evangelios, Juan 1–6* (Ciudad Real, España: Editorial Peregrino), pág. 24.

luz espiritual, estas cosas no provienen de ellos mismos, o de ver en su interior; vienen del Hijo de Dios.

Es muy importante que esto quede claro, puesto que en los capítulos de más adelante, hablaré sobre Cristo y Sus aplicaciones a la mayordomía, haré referencia a Su humanidad dando por hecho Su deidad y viceversa.

La gloria del Hijo

La Escritura nos da solo vistazos de la eternidad pasada, pero es suficiente para poder probar que el Hijo era Dios en el sentido más amplio y exaltado de la palabra. Colosenses 1:15-17 dice lo siguiente:

> Él es la imagen del Dios invisible, el primogénito de toda la creación. Porque en él fueron creadas todas las cosas, las que hay en los cielos y las que hay en la tierra, visibles e invisibles; sean tronos, sean dominios, sean principados, sean potestades; todo fue creado por medio de él y para él. Y él es antes de todas las cosas, y todas las cosas en él subsisten.

La palabra «imagen» viene del griego *eikón,* que refiere a una «imagen» o «semejanza». Solo Dios puede llevar exactamente la misma semejanza de Dios. Hebreos 1:3 lo dice de la siguiente manera: «El cual, siendo el resplandor de su gloria, y la *imagen misma de su sustancia*, y quien sustenta todas las cosas con la palabra de su poder» (énfasis añadido). El Hijo de Dios es el *primogénito de la creación* en el sentido de que Él es exaltado por sobre toda la creación y es distinto a esta. El Hijo de Dios es *antes que todas las cosas.* Jesucristo es *el Creador de todas las cosas;* todo lo creado proviene de Él. Cristo sostiene con la palabra de Su poder *todas las cosas.* Y finalmente, todas las *cosas tienen un supremo fin;* fueron hechas para Él.[5]

---

5. Paul David Washer, *Descubriendo el glorioso evangelio*, pág. 29.

La encarnación de Cristo

Habiendo detallado la deidad de Cristo, Su preexistencia y Su eterna gloria, ahora nos centraremos en algo más sorprendente, puesto que todo lo anterior es lo «normal» (si me permites el uso de la palabra) de lo que se afirma que Dios es. Lo que desafía nuestra mente es que Cristo, con toda Su gloria, con todo Su poder, no se aferrara a ello, sino que dejara Su trono, y que aquel cuerpo pequeño de un bebé en el remoto pueblo de Belén fuera el Dios viviente, Emanuel, *Dios con nosotros.* Vamos a observar con brevedad la doctrina de la encarnación.

La venida de Cristo es, sin lugar a dudas, el evento más importante en toda la historia de la humanidad. Aunque la encarnación de Cristo sucedió hace unos 2 000 años, consideraremos algunos pasajes del Antiguo Testamento que profetizaron cientos de años antes este evento que marcaría una trayectoria diferente para la humanidad y el fundamento que estamos estudiando: el cuerpo.

> Pero tú, Belén Efrata, pequeña para estar entre las familias de Judá, de ti me saldrá el que será Señor en Israel; y sus salidas son desde el principio, desde los días de la eternidad (Miq. 5:2).

El Mesías sería de la tribu de Judá y de la casa de David. La forma en que termina este pasaje, «sus salidas son desde el principio, desde los días de la eternidad», es una afirmación de que no sería un simple hombre. Solo Dios es eterno. Por eso Jesús es eterno, porque es el Dios hecho carne. Pasajes como Isaías 7:14; 9:6 son esclarecedores en extremo sobre la venida del Mesías, y las condiciones en la que vendría son rotundamente impactantes.

La helenización —el apogeo de múltiples naciones convergiendo entre sí, o como suele llamarse, la reunión de las naciones o los gentiles—, estaba ya marcada de acuerdo con las profecías de Amós e Isaías (entre otros) en el Antiguo Testamento (Isa. 11:10; 42:1:6; 49:6; 60:3; Amós 9:11-12; Zac. 8:22).

Durante el ministerio de Cristo, se revelaron principios fundamentales del valor del cuerpo para el cristianismo. Parte de estos fundamentos era la necesidad de que el Mesías, el Salvador del mundo, viniera en cuerpo y no solo en espíritu. Una de las grandes doctrinas fundamentales del cristianismo es la resurrección de los muertos, el proceso de conversión de un cuerpo corruptible en uno incorruptible. A este proceso se lo conoce como la glorificación del cuerpo que tendrá su máxima expresión en el reino de los cielos. La humanidad de Cristo no solamente provee dignidad al cuerpo humano, sino que afirma que el ser humano en toda su expresión es poseedor de la imagen de Dios.

Base reguladora

Entre la Edad Antigua y parte de la Edad Media, la iglesia católica se fundamentó como el filtro de la base reguladora de lo que se consideraba *verdad*. Así que, en posesión de tal autoridad, mitigó todo lo referente al cuidado corporal, incluido el desarrollo de la actividad física y, por consiguiente, el cuerpo como algo digno de ser cuidado o al menos considerado. Ahora bien, entre los años 50 y 70 d. C., el apóstol Pablo desarrolló casi todo su material teológico, incluidos aquellos escritos donde claramente la Escritura nos enseña el valor intrínseco del cuerpo, la pertenencia del cuerpo a su creador, el propósito y fin último del cuerpo, y por supuesto, los grandes paralelismo del atletismo que el apóstol Pablo utilizó como analogías para la enseñanza doctrinal a las primeras iglesias.

Este último argumento (sobre el uso del cuerpo y el ejercicio por los griegos) es lo que invitó a la iglesia católica romana a ver el cuerpo como algo pecaminoso. Su principal fuerza en contra del cuidado corporal y el desarrollo del ejercicio radicaba en el paralelismo de que tal ejercicio y cuidado corporal realizados por sus fieles eran también una ofrenda y adoración a los dioses de los griegos. Sin embargo, fundamentadas la divinidad y la humanidad de Cristo, podemos pasar al penúltimo capítulo sobre esta historia panorámica del cuerpo. Me concentraré en la cosmovisión cristiana sobre el cuerpo y una aproximación a los procesos saludables, desde el Sermón del Monte en el carácter del cristiano, el desenlace del cristianismo como religión en la época romana, los posteriores ataques al cuerpo, y luego daremos paso a nuestro segundo fundamento de la mayordomía corporal bíblica, el conocimiento.

La MCB en acción

Hoy vamos hacer algo diferente. Abajo encontrarás un cuestionario para reflexionar sobre tu identidad. Uno de los elementos que se cuestiona gravemente en la práctica del ejercicio y el deporte es cómo la acción transforma la identidad. ¿Es eso cierto? ¿Debería el ejercicio cambiar tu identidad? Contesta con toda sinceridad y enseguida te invito a que ores conmigo.

Instrucciones:

Contesta con brevedad las siguientes preguntas:

1. ¿Quién soy?
2. Con sinceridad, ¿cuál es la razón principal de tu cuidado corporal?
3. ¿Qué significa el ejercicio para ti?
4. ¿Crees que eres mejor cuando haces ejercicio? Y cuando no lo haces, ¿te sientes menos?
5. ¿Cuántas horas dedicas al ejercicio?
6. ¿Cuántas horas dedicas a la oración, la lectura de la Biblia, etc.?

Oración:

Amado Padre, tú eres el Creador de los cielos y de la tierra. Tú creaste el color, el brillo de la luna, en un instante creaste el lienzo de mi rostro, le diste tono a mi piel, diseñaste cada parte de lo que soy, y viste que todo lo que habías hecho era bueno en gran manera. Señor, quiero darte las gracias por crearme y darme identidad y propósito de vida. Perdóname si he cuestionado tu creación, y por eso te pido que pongas en mí un corazón limpio que vea el cuerpo como tú lo ves. Gracias por el movimiento y la salud que me das. Dame, oh Dios, madurez en esta área de mi vida, para servirte y hacer de mi cuidado corporal un acto de adoración a tu nombre y no al mío.

Capítulo 10

El cuerpo no es lo que tú digas

Como sabrás, el medio de comunicación principal que utilizo para transmitir los contenidos sobre mayordomía corporal bíblica es Instagram. Normalmente suelo recibir muchas críticas sobre este tema. En una ocasión, me llegó un comentario que decía: «A Dios solo le interesa nuestra alma, el cuerpo perecerá». Estoy seguro de que muchos cristianos apasionados han abrazado este pensamiento que, sin darse cuenta, está muy lejos de la revelación bíblica.

Con la llegada y la encarnación de Cristo, podemos observar varios elementos a destacar de la necesidad del cuerpo y sus implicaciones en la vida cristiana en esta tierra. Cristo no podía venir en otra forma que no fuese un cuerpo humano. No podía suceder así porque, en primer lugar, estaba profetizado. En segundo lugar, el cuerpo humano —o mejor dicho, el hombre corpóreo— tiene una característica especial dentro de toda la creación: es el único que fue hecho a Su imagen y semejanza. En tercer lugar, era necesario que Jesús viviera la experiencia humana. Cristo no solo debía venir en carne y hueso; había de vivir una vida perfecta en Su propia carne. De no ser así, el sacrificio en la cruz en representación por Su pueblo habría sido en vano.

En cuanto a las características humanas de Jesús, encontramos algunos pasajes donde se refirió a sí mismo como hombre (Juan 8:40), y las respectivas genealogías de Jesús sirven como testimonio de Su ascendencia natural humana (Mat. 1:1-17). Además, Jesús se atribuyó elementos humanos naturales como cuerpo y alma (Mat. 26:26,28,38), creció y se desarrolló como cualquier otro ser humano (Luc. 2:40). Durante Su ministerio terrenal, manifestó necesidades fisiológicas comunes: experimentó fatiga (Juan 4:6), Su cuerpo necesitó el descanso del sueño (Mat. 8:24), alimento (Mat. 4:2; 21:18) y agua (Juan 19:28).[1]

Así que nos encontramos con un Jesús de carne y hueso y al mismo tiempo poseedor de toda la gloria eterna. El ministerio de Cristo da inicio a la vida que debía ser vivida para la salvación de los hombres y comunica el mensaje divino que el corazón caído necesita escuchar. A diferencia de lo que se ha ido transmitiendo a través de las escuelas filosóficas y corrientes de pensamiento, el mensaje del evangelio apunta de manera particular al cuerpo y el alma del individuo, además de traer consigo una responsabilidad en el ejercicio de la libertad.

La identidad cristiana

El primer sermón de nuestro Señor Jesucristo está impregnado de autoridad. Él es la Escritura andante, por lo que hacemos bien en prestar la debida atención a cada una de Sus palabras. El sermón de las bienaventuranzas es uno de los que más calan en la identidad del cristiano, y nos dan una clara manera de observar nuestra mayordomía. Quisiera exponer a través de los siguientes puntos la identidad presentada en el Sermón del Monte y hacer un paralelismo al respecto de la mayordomía corporal bíblica. Creo firmemente que estos puntos pueden darte una identidad firme en Cristo en el proceso saludable que estés por comenzar. La mayoría de mis conclusiones

---

1. Ver *Diccionario Bíblico Holman*, pág. 522, «Encarnación; la humanidad de Jesús».

a los versículos en cuestión son los temas implícitos en los textos, y no precisamente lo que el texto señala *a priori*. De ninguna manera forzamos al texto a decir lo que queremos, sino más bien buscamos aterrizar a lo cotidiano de la vida las aplicaciones que se derivan de los dichos de la boca de nuestro Señor Jesucristo.

En Mateo 5:14-16, encontramos lo siguiente:

> Vosotros sois la luz del mundo; una ciudad asentada sobre un monte no se puede esconder. Ni se enciende una luz y se pone debajo de un almud, sino sobre el candelero, y alumbra a todos los que están en casa. Así alumbre vuestra luz delante de los hombres, para que vean vuestras buenas obras, y glorifiquen a vuestro Padre que está en los cielos.

I) *Vosotros sois* es una declaración afirmativa y contundente de que, sin duda alguna, eso es lo que *Él es primero, lo que somos en Él y de la responsabilidad de andar como Él anduvo.* Cristo no estaba titubeando. Estaba alentando a Sus discípulos a recordar lo que *eran en Él*. Nosotros, los cristianos, somos espejos reflectores que señalan a la luz del mundo (Cristo) porque hacemos evidente al mundo que está en oscuridad. «Así alumbre vuestra luz delante de los hombres»: ser cristiano significa ser modelo, referencia, molde, patrón, el ideal de cómo debe vivirse la vida saludable.

«Para que vean vuestras buenas obras»: las buenas obras solo puede ser realizadas cuando Dios mismo es quien motiva tales obras. Mira lo que dice Efesios 2:10: «Porque somos hechura suya, creados en Cristo Jesús para buenas obras, las *cuales Dios preparó de antemano* para que anduviésemos en ellas» (énfasis añadido). Dios ya las preparó de antemano. Debes estar atento a la oportunidad de hacerlas para que, los que te rodean, «glorifiquen a [tu] Padre celestial que está en los cielos». Así como menciona Tim Chester en su libro *Éxodo para ti*: «Dios ilumina nuestras vidas para que nosotros iluminemos al mundo»[2].

Las buenas obras implícitamente están relacionadas con la manera en la que vivo delante del Señor. Los cristianos son luz en la forma en la que ven sus cuerpos, son luz en la forma en la que cuidan sus cuerpos, son luz en su casa con sus hábitos. Los cristianos deben ser el modelo saludable a seguir, para que cuando los de más los vean, glorifiquen al Padre celestial de ellos.

> Pero sea vuestro hablar: Sí, sí; no, no; porque lo que es más de esto, de mal procede (Mat. 5:37).

II) El valor de la palabra. Sí y no. Una batalla campal para nosotros. En los procesos saludables, esta debe ser una de nuestras características: la capacidad de decir sí a lo que debemos decir sí, y no a lo que debemos decir no, pero a veces, hacemos justo lo contrario. ¿A qué deberías de decir no? Por lo general, esta es una saludable manera de comenzar un proceso de mayordomía.

> Porque donde esté vuestro *tesoro* ahí también estará vuestro *corazón* (Mat. 6:21, énfasis añadido).

III) El tesoro es el bien preciado. Para los cristianos, el tesoro es su Señor, su Amo, Cristo. Cristo es el tesoro del cuerpo y del alma. Los procesos donde el tesoro está en la báscula, en la talla de la camisa, en la foto del antes y el después, nos remiten justo a lo que se menciona en versículos anteriores: «No os hagáis tesoros en la tierra, donde la polilla y el orín corrompen, y donde ladrones minan y hurtan» (Mat. 6:19). Esos tesoros son a lo máximo que pueden aspirar tales corazones, pero cuando se llega a estos «tesoros», enseguida el corazón insaciable busca otro, otro y otro.

---

2. Tim Chester, *Éxodo para ti* (Colombia: Poiema Publicaciones, 2019).

¿Dónde está el tesoro de tu mayordomía corporal? Si reposa a los pies de la cruz, entonces tendrás contentamiento a lo largo del proceso. De no ser así, el camino de la insatisfacción palpable en el mundo de las dietas y el ejercicio físico con tesoros terrenales te aniquilará poco a poco.

> La lámpara del cuerpo es el ojo; así que, si tu ojo es bueno, todo tu cuerpo estará lleno de luz (Mat. 6:22).

IV) El cuerpo se dirige por los afectos del alma. Las lámparas eran el sistema de iluminación que en la antigüedad se utilizaba para iluminar las casas en los tiempos bíblicos.[3] Jesús, como el Maestro de maestros, utiliza un elemento propio del interior (ojo) para la dirección de un elemento externo (cuerpo). En pasajes del Antiguo Testamento, se alude a los diferentes usos que se le da al ojo. En particular en este contexto, los ojos pueden aprobar acciones (Job 29:11), pueden estar llenos de adulterio (2 Ped. 2:14). Las aplicaciones a nuestra vida saludable son numerosas, pero hay un par que me gustaría resaltar:

1) <u>La envidia de otros cuerpos:</u> es a través de los ojos que mides el estereotipo soñado, es a través de los ojos que tus expectativas escalan hasta el último cielo por cómo luce el cuerpo de otra persona y deseas que el tuyo fuese así. Los ojos llenos de envidia le gritan al Creador del cuerpo: «¡Te has equivocado con el mío!».

2) <u>El deseo de comer de más:</u> según diversos estudios, ver comida apetitosa hace que de forma automática se produzca un aumento de grelina, que es conocida como la «hormona del hambre». El hambre de muchos cuerpos está literalmente dirigido por lo que ven. A menudo, el dominio propio en el control de la ingesta comienza por cambiar la forma de ver, y para cambiar la forma de ver, hay que cambiar lo que motiva la forma de ver.

---

3. *Diccionario Bíblico Holman,* pág. 938, «Lámparas, candelero».

Lo que motiva la forma de ver es el motor de todas las cosas: el corazón.[4]

> ¿Y quién de vosotros podrá, por mucho que se afane, añadir a su estatura un codo? (Mat. 6:27).

V) **Eres como debes ser.** La pregunta del versículo es una pregunta irónica pues, evidentemente, por mucho que lo intentemos, ninguno de nosotros puede hacerse más alto o más pequeño de lo que ya es. El afán por *ser* lo que uno no *es* supone un martirio para *el corazón.* El corazón afanado no encuentra paz en ningún rincón hasta que obtiene el objeto de su ansia (si es que lo consigue). «Eres como debes ser» no implica que actualmente seas lo que Dios quisiera que fueses. Dicho de otro modo: eres la suma de tus acciones y hábitos repetidos en el tiempo en la libertad limitada de tus acciones. Por mucho que te afanes, tal vez no pierdas el peso que deseas perder, pero sí puedes perder las ansias por comer como no deberías comer. La genética no se pelea con la soberanía de Dios, pero al parecer los poseedores de la genética sí.

Debemos asegurarnos de conocer estas verdades y abrazarlas con todas nuestras fuerzas antes de comenzar cualquier tipo de proceso saludable en nuestras vidas. El pecado residual con el que batalla nuestro corazón se manifiesta en las constantes luchas y tensiones a las que se enfrentan los cristianos que se exponen al campo saludable y todo lo que ello supone.

Como estamos observando la influencia del cristianismo en la vida saludable, abordaremos qué es el cuerpo para Cristo, y nos adentraremos en el clímax de los problemas que estaban por llegar.

---

4. A. S. Espinoza García, A. G. Martínez Moreno, Z. Reyes Castillo, *El papel de la grelina y la leptina en el comportamiento alimentario: evidencias genéticas y moleculares.* Endocrinol Diabetes Nutr (edición en inglés). Noviembre de 2021; 68(9):654-663. doi: 10.1016/j.endien.2020.10.009. Epub 2021 3 de diciembre PMID: 34906346.

Jesús, ¿qué es el cuerpo?

Es un regalo para la iglesia saber que Cristo contestó esa pregunta. No hay nada mejor que el Autor del cuerpo nos indique qué es el cuerpo. No estamos hablando de las suposiciones que hicieron los griegos sobre el cuerpo al verlo como una especie de cárcel del alma, o de los gnósticos con sus raíces en el dualismo platónico, que equiparaban la materia con el mal y el espíritu con lo bueno. Aquí estamos frente al Creador del alma y del cuerpo; podemos confiar en que Su veredicto es el correcto.

Juan 2:13-22 registra la respuesta a esta pregunta. Leamos (las cursivas marcan un énfasis mío):

> Estaba cerca la pascua de los judíos; y subió Jesús a Jerusalén, y halló en el templo a los que vendían bueyes, ovejas y palomas, y a los cambistas allí sentados. Y haciendo un azote de cuerdas, echó fuera del templo a todos, y las ovejas y los bueyes; y esparció las monedas de los cambistas, y volcó las mesas; y dijo a los que vendían palomas: Quitad de aquí esto, y no hagáis de la casa de mi Padre casa de mercado. Entonces se acordaron sus discípulos que está escrito: El celo de tu casa me consume. Y los judíos respondieron y le dijeron: ¿Qué señal nos muestras, ya que haces esto? Respondió Jesús y les dijo: *Destruid este templo, y en tres días lo levantaré.* Dijeron luego los judíos: En cuarenta y seis años fue edificado este templo, ¿y tú en tres días lo levantarás? *Mas él hablaba del templo de su cuerpo.* Por tanto, cuando resucitó de entre los muertos, sus discípulos se acordaron que había dicho esto; y *creyeron la Escritura y la palabra que Jesús había dicho.*

La respuesta de Jesús es contundente: el *templo* es Su cuerpo. Pero hay algo que llama mucho mi atención. Cristo había comunicado que Su cuerpo era el templo de la morada de Dios. El versículo 21 dice: «Más él hablaba del tempo de su cuerpo». Pero ni los fariseos ni sus propios discípulos habían entendido estas palabras. Los discípulos las recordaron cuando Cristo resucitó, y entonces comprendieron en su corazón: «Sus discípulos se acordaron que había dicho esto; y creyeron en la Escritura y la palabra que Jesús había dicho» (v. 22); entonces es sabio preguntarnos, por muy obvio que parezca: *¿Qué es un templo?*

Templo significa lugar sagrado o santo. En el Nuevo Testamento, la traducción del griego refiere a dos palabras *hieron* (área del templo) y *naos* (santuario), que se traducen «templo» en el Nuevo Testamento. En el Antiguo Testamento generalmente se utiliza bet Yahvéh o bet Elohim, que traducido quiere decir «casa de Yahvéh» o «casa de Dios».[5]

Recordemos cuál era el significado cultural y religioso para los judíos. Al salir de la esclavitud de los egipcios, la misma presencia de Dios vino a habitar en la tienda más conocida como el tabernáculo, donde se alojaba el arca del pacto. Luego, el rey David se propuso construir un templo para Jehová, y Dios mismo le indicó que no sería él quien lo haría sino su hijo, Salomón. Más adelante, vino el templo de Zorobabel (posexílico). Así que Cristo está afirmando con rotundidad: «Yo soy la presencia andante y viva de Dios mismo». Literalmente, era Dios en medio de Su pueblo. Cristo define Su cuerpo como la ubicación de la morada de Dios con Su pueblo. Nadie en absoluto en toda la historia del cuerpo se ha referido a su propio cuerpo de esta manera y, sobre todo, que tenga razón en decirlo.[6]

La contribución apostólica al cuerpo

Al final de este libro, volveremos a la vida de Jesús para evidenciar Su mensaje último sobre el cuerpo. Mientras tanto, después del

5. *Diccionario Bíblico Holman*, pág. 1490, «Templo de Jerusalén».
6. *La Biblia de estudio de la Reforma*, Juan 2:19, pág. 1784.

ministerio, la muerte y la resurrección de nuestro Señor Jesucristo, uno de los hombres que el Creador del cuerpo usó para la comunicación eficaz de qué es el cuerpo fue el apóstol Pablo. Pablo nació en una familia judía, sin duda durante la primera década del siglo I. No pertenecía a los judíos de la diáspora que tenían más influencia de otras culturas. Pablo era ciudadano romano, su entrenamiento rabínico fue bajo la tutela del rabino Gamaliel. Además, Pablo lideró las primeras persecuciones contra la iglesia. En torno al 35 d. C., mientras iba camino a Damasco, el Cristo resucitado y glorificado se le apareció con un resplandor cegador, y el resto es historia.[7]

El apóstol Pablo ha sido uno de los hombres cuyo ministerio ha tenido mayor batalla contracultural. Prácticamente en cada una de sus cartas llama a la reflexión sobre la sospecha de falsas enseñanzas, herejías, falsos maestros, etc. Después de Cristo, es Pablo, lleno del Espíritu Santo, quien nos comunica verdades absolutas sobre el cuerpo y la manera en que el cristiano del siglo I y del XXI deberían ver sus cuerpos. La teología corporal bíblica y el evangelio de Pablo no están basados en sus palabras ni propia sabiduría (1 Cor. 2:1), sino en la presentación y la centralidad de Cristo, y este crucificado (1 Cor. 2:2).

En 1 Corintios 1:20, Pablo hace una serie de preguntas: «¿Dónde está el sabio? ¿Dónde está el escriba? ¿Dónde está el disputador de este siglo? ¿No ha enloquecido Dios la sabiduría del mundo?».

Y finaliza con la siguiente respuesta (vv. 21-25):

> Pues ya que en la sabiduría de Dios, el mundo no conoció a Dios mediante la sabiduría, agradó a Dios salvar a los creyentes por la locura de la predicación. Porque los judíos piden señales, y los griegos buscan sabiduría; pero nosotros predicamos a *Cristo crucificado,* para los judíos ciertamente tropezadero, y para los gentiles locura; mas para los

7. *Diccionario Bíblico Holman,* pág. 1164, «Pablo».

> llamados, así judíos como griegos, Cristo poder de Dios, y sabiduría de Dios. Porque lo insensato de Dios es más sabio que los hombres, y lo débil de Dios es más fuerte que los hombres (Énfasis añadido).

Pablo fundamenta a Cristo como la razón del ser, de la sabiduría, del poder de Dios. Para él, la manera de entender la realidad es atesorando a Cristo. El fundamento del cuerpo reside en lo que el Creador de todos los cuerpos —tanto en su ámbito material como espiritual— ha dicho. Como hemos aprendido, el cuerpo es *templo,* pero por desgracia parece ser que las palabras de Cristo se olvidan o se ignoran con facilidad desde el siglo I hasta la actualidad. Después de predicar de forma incansable, el apóstol Pablo, en la carta a los corintios, nos deja mucha evidencia de que nadie puede poner otro fundamento que el que está puesto, el cual es Jesucristo (1 Cor. 3:11).

En primer lugar, el apóstol Pablo llama a la iglesia edificio de Dios, por lo tanto, la iglesia es el cuerpo de Cristo. Pero cada miembro de la iglesia es poseedor de un cuerpo particular, de manera que los templos o cuerpos individuales en conjunto son el cuerpo y, en definitiva, la iglesia de Cristo. En el versículo 16 del capítulo 3, Pablo hace una pregunta: «¿No sabéis que sois templo de Dios, y que el Espíritu de Dios mora en vosotros?».

Literalmente, la presencia de Dios *habita* en nuestros cuerpos por medio de Su Espíritu. Esto debe volarle la cabeza a cualquiera. Si la presencia misma del Espíritu Santo habita en nuestros cuerpos (en aquellas almas y cuerpos salvados por Cristo), quiere decir que el cuerpo es *templo* y entonces, debe ser visto de manera santa, y llevarnos a usarlo en forma responsable y piadosa. Además, significa que todo lo que es contrario a la santidad del cuerpo es nada más y nada menos que un acto de profanación, cuando administramos el cuerpo sin fundamento en la cruz.

En el capítulo 6 de 1 Corintios, Pablo vuelve a utilizar estas palabras:

> ¿No sabéis que vuestros cuerpos son miembros de Cristo? ¿Quitaré, pues, los miembros de Cristo y los haré miembros de una ramera? De ningún modo. ¿O no sabéis que el que se une con una ramera, es un cuerpo con ella? Porque dice: Los dos serán una sola carne. Pero el que se une al Señor, un espíritu es con él. Huid de la fornicación. Cualquier otro pecado que el hombre cometa, está fuera del cuerpo; mas el que fornica, contra su propio cuerpo peca. ¿O ignoráis que vuestro cuerpo es templo del Espíritu Santo, el cual está en vosotros, el cual tenéis de Dios, y que no sois vuestros? Porque habéis sido comprados por precio; glorificad, pues, a Dios en vuestro cuerpo y en vuestro espíritu, los cuales son de Dios (vv. 15-20).

Hemos de ser muy cuidadosos en observar este texto. Te invito a que leas todo el capítulo para que comprendas el contexto. Básicamente, el apóstol Pablo está advirtiendo a los corintios que nuestros cuerpos son miembros de Cristo, y si sabemos que nuestros cuerpos son templo, ¿podremos entonces unir el cuerpo (templo) con una ramera y profanarlo de tal forma? Y afirma: «El que se une al Señor, un espíritu es con él», y termina de manera categórica: «Vuestro cuerpo es templo del Espíritu Santo, el cual está en vosotros, [...] y [...] no sois vuestros». Al final, da una aplicación irrechazable para todos los cristianos: «Glorificad, pues, a Dios en vuestro cuerpo y en vuestro espíritu, los cuales son de Dios». El texto habla sobre la fornicación, pero las implicaciones que tiene para con el cuerpo no solo aterrizan al área sexual; su alcance es infinito al cuerpo, al área saludable, a la forma en la que desgastamos el cuerpo, a los limites piadosos que debemos establecer al cuerpo, al gobierno del cuerpo, al cuidado santo del cuerpo (llámese cuidado santo a las formas piadosas, organizadas y responsables del uso prudente y científico del cuerpo).

Esta es la manera en que el cristiano debería ver el cuerpo, muy distanciada de todo lo que la historia filosófica griega y la era grecorromana hasta entonces habían propuesto. Con la difusión del evangelio y los viajes misioneros de Pablo, el cristianismo estaba llegando a cada rincón. Las persecuciones y la lucha por parte de los romanos contra el cristianismo ya estaban en pleno desarrollo.

Entre los años 313 y 380 d. C,. el Imperio romano estableció dos grandes edictos que incidieron en el cristianismo y en su papel en la sociedad. Los edictos de Milán y Tesalónica detuvieron la persecución a los cristianos, pero también dejaron consecuencias negativas en la iglesia.[8] El cristianismo pasaría a ser la religión oficial del Imperio romano, pero cabe recordar que los romanos no tuvieron ningún problema en abrazar la filosofía griega. Para ellos, en lo privado, el cristianismo era una religión más, pero de cara al pueblo era la nueva manera de ver la vida.

Ni siquiera los historiadores se ponen de acuerdo, pero podríamos lanzarnos a decir que este fue el comienzo de la Iglesia católica. Con la caída del Imperio romano en 476 d. C., se produjeron los elementos para generar una nueva *tormenta de cosmovisiones;* las grandes tensiones de pensamiento confluyeron en los temas más importantes de toda cosmovisión: Dios y el hombre, la riqueza y la pobreza, el hombre y la mujer, la razón y la fe, el cuerpo y el alma. Prácticamente, fue un desencanto de todo lo vivido y un inicio de volver a reconstruir nuevas formas de ver la vida. La Iglesia católica ahora tenía el poder de la verdad, y toda la realidad espiritual

8. Bite Project. Constantino y Linicio, «Edictos de Milán y Tesalónica: Los decretos que establecieron la relación entre la Iglesia y el Estado». 26 de mayo de 2023. https://biteproject.com/edictos-de-milan-y-tesalonica/#:~:text=En%20resumen%2C%20el%20Edicto%20de,religi%C3%B3n%20oficial%20del%20Imperio%20romano.

aceptable provenía de lo que la iglesia dictaba. Así empezó a haber vientos huracanados que produjeron otra tormenta que dejó un caos hasta nuestra era actual. Lo vimos en el mensaje que me llegó a mi Instagram: «A Dios solo le interesa el alma, el cuerpo perecerá».

La MCB en acción: El reto

A día de hoy, ya hemos pasado de estar sentados a movernos y considerar el ejercicio como un medio de fortalecimiento para el cuerpo y el servicio con amor donde Dios nos tiene ahora. Tengo un reto para ti. Hoy vamos a subir el número de repeticiones de nuestros ejercicios de base. Además, quiero que pienses en una persona y ores por ella, y te prepares para servirla con intencionalidad. Ya te diré cómo lo haremos.

Primero, vamos a la rutina:

He añadido un nuevo ejercicio a tu abanico de movimientos; un clásico. Te presento a mi amigo el *burpee*.

> El *burpee* es un ejercicio espectacular para trabajar la resistencia, la coordinación, y toda la movilidad. Además, propone al músculo un estímulo realmente fascinante. ¿Cómo hacer un *burpee* básico?

1. Comienza de pie, con los pies separados al ancho de los hombros.
2. Agáchate y coloca las manos en el suelo frente a ti, justo al lado de tus pies.
3. Coloca los pies hacia atrás uno a la vez para quedar en posición de plancha, con el cuerpo en línea recta desde la cabeza hasta los talones.
4. Realiza una flexión de brazos (opcional), bajando el pecho hacia el suelo.

5. Luego, trae los pies hacia adelante uno a la vez para regresar a la posición de cuclillas.
6. Finalmente, vuelve a la posición inicial con tu cuerpo de pie totalmente.

Hoy vamos a buscar por primera vez realizar un entrenamiento piramidal añadiendo este nuevo ejercicio. Te lo explico en el siguiente gráfico:

Objetivo: Realiza la carga tanto ascendente como descendente.
Instrucciones: Tendrás que realizar dos veces la carga del entrenamiento. Puedes comenzar con las sentadillas y finalizar con el *burpee*, o puedes comenzar con el *burpee* y finalizar con la sentadilla. En todo caso, si no puedes realizar el *burpee*, realiza el cambio por el *sit up*.

Rutina

Tiempo: 15'	**Ejercicios**	**Imagen**	**Número de repeticiones**
	Sentadilla tipo copa		**40**
	Push up	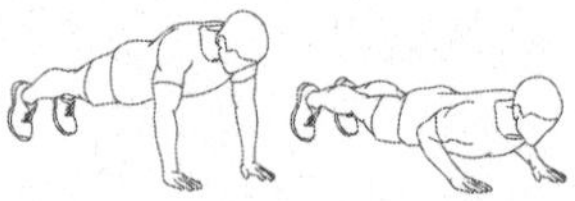	**30**

	Remo		**20**
	Peso muerto	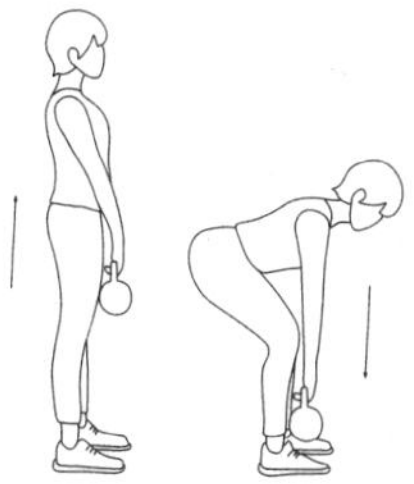	**10**
	Burpee		**5**

Nota del entrenador: Mis más sinceras felicitaciones por llegar a este nuevo reto. Con el paso de los días y las semanas, hemos ido aumentando y adaptándonos a una carga que poco a poco ha ido tomando color. Este entrenamiento lo puedes realizar y tenerlo como un básico fundamento de entrenamiento. Aquí trabajamos todos los patrones de movimiento: dominantes de rodilla, de cadera, empujes, tracciones, y nuestro *core* (abdomen). Esta es una programación que deberías llevar a cabo al menos tres veces por semana, durante las próximas tres semanas, por ejemplo. Puedes ir variando la intensidad y, por supuesto, todo respecto a los kilos que muevas, o perfectamente podrías hacerlo con tu propio peso corporal.

Capítulo 11

¿El fin del cuerpo?

En 1490, en uno de sus diarios, Leonardo da Vinci desarrollaría con pluma y papel uno de los dibujos más representativos del florecer de la época renacentista: el Hombre de Vitruvio, también conocido como el estudio de la proporciones ideales del cuerpo humano. El Hombre de Vitruvio es una muestra clara del cambio que se estaba instaurando desde el comienzo de las tensiones entre cuerpo y alma pocos años antes con la Edad Media.

Después de que el cristianismo se estableciera como religión oficial del Imperio romano, las máximas autoridades jerárquicas de la Iglesia católica promovieron una cosmovisión a mi parecer violenta y del todo antibíblica contra el cuerpo. Recordemos que los edictos que establecieron el cristianismo como religión oficial del Imperio romano (ver capítulo 10) se desarrollaron entre los años 313 y 380 d. C., pero las cartas del apóstol Pablo fueron redactadas muchísimo antes de tales edictos.

Roma no se convirtió al cristianismo, sino que más bien utilizó el cristianismo como un medio de control por la misma propagación y difusión que había alcanzando. Roma no tenía ningún problema con el politeísmo, así que históricamente fue una estrategia militar bien establecida. Sin embargo, el cristianismo bíblico, comenzando desde Cristo hasta el desarrollo de la Escrituras por sus apóstoles, se había desarrollado casi dos siglos antes, con lo cual, podemos afirmar que los cristianos del primer siglo estaban del todo informados por la Escritura sobre qué era el cuerpo y el fin último del cuerpo.

Para entonces, en todo el proceso de la Edad Media, la Iglesia católica era la intermediaria entre lo divino y lo humano. Junto con esta intervención, proyectó su influencia a las demás ramas del saber y en consecuencia a las formas de observar la realidad. La Edad Media presentaba al cuerpo como la tumba del alma. El cuerpo humano era lo que debilitaba al alma. La Iglesia católica definió la espiritualidad cristiana con una distinción entre lo espiritual y lo tangible, donde lo material (cuerpo) era el elemento débil del ser humano. A diferencia del Renacimiento, donde la belleza sería uno de los pilares del movimiento, en la Edad Media la belleza no era un símbolo de la grandeza de Dios.

En la columna del pensamiento religioso medieval, el pecado estaba presente en todo el cuerpo. Sin embargo, esto es una gran contradicción para toda la teología bíblica del cuerpo que encontramos en las cartas paulinas, la creación del hombre en Génesis y la materialidad de Dios mismo encarnado. La Iglesia católica, en contraposición a esta idea del cuerpo, presentó el cuerpo de Cristo con un elemento característico: el cuerpo de Cristo sufre. Así que se dispersó todo un concepto de que el único cuerpo que la Iglesia católica acepta es el cuerpo que sufre, el que recibe dolor. Los fieles debían saber que la espiritualidad que crece se revela en la capacidad de resistir el dolor, y que es precisamente esta la forma de alcanzar la insensibilidad para con el pecado. Esta idea[1] dio fuerza a los movimientos filosóficos como el ascetismo (búsqueda de la purificación del espíritu por medio de la negación de los placeres materiales) y el movimiento cenobítico (caracterizado por la preservación del aislamiento de los monjes del resto de la sociedad). Así comenzaría todo un declive del cuerpo en el autoflagelo,

1. Francisco González, *Una historia del cuerpo,* Letras Libres. http://www.letraslibres.com/index.php?art=8496

las incomodidades, la privación del cuerpo de todos sus deleites e incluso del cuerpo sano.

Durante este tiempo, el estudio del cuerpo tuvo grandes problemas, las disecciones eran prohibidas por la iglesia (derramar sangre era considerado pecado), la anatomía conocida hasta entonces era la desarrollada a base de la experiencia —en particular, la del griego Galeano en la disección de animales—, así que la cirugía era impensable en la época medieval. A medida que las presiones científicas aumentaron, y el deseo impetuoso del corazón humano se volcó por ser él el foco de atención, la iglesia misma quedó contra las cuerdas, y se vio empujada a conceder ***permisos especiales*** a las universidades para realizar las primeras disecciones de cadáveres. La observación clara del cuerpo permitió el desarrollo de la *anatomía moderna* y abrió las puertas a una nueva era*: el Renacimiento.*[2]

Un salto al precipicio

El libro titulado *El renacimiento,* de la serie Descubrir la Historia,[3] presenta un encabezado muy acertado sobre lo que se estaba viviendo entonces: el espíritu de una nueva época. Tal y como menciona esta lectura, empezaba a constituirse un nuevo tipo de sociedad y una nueva concepción del individuo. Esta nueva concepción del individuo ya no se centraría en lo que había sostenido la teología o la revelación divina durante más de quince siglos, o al menos, lo que había sido generalmente aceptado. La decadencia del pensamiento teológico estaba a la vuelta de la esquina. El libro menciona:

---

2. Ver Marco Bussagli, *El cuerpo humano: anatomía y simbolismo* (Barcelona, España: Electa, 2006).
3. Álvaro López Franco, Miguel Vega Carrasco, Gala Yagüe Narváez, *El Renacimiento: el espíritu de una nueva época* (Barcelona, España: Emse Edapp, 2016).

> La Europa del Renacimiento presentaba además una notable transformación con respecto al medievo en el ámbito de las mentalidades y la religión. La tendencia hacia un mayor laicismo y una mayor importancia de la figura del ser humano desembocó en una nueva visión, el antropocentrismo, donde el análisis de la humanidad y los *studia humanitatis* ocuparían una posición central.[4]

En el engranaje de la evolución de las ciencias humanas, más o menos en el siglo XVI, se desarrollan los primeros análisis directos hacia al cuerpo, la anatomía moderna tiene su nacimiento gracias a ello. Andrés Vesalio, uno de los anatomistas más importantes de la época, publicaría su texto titulado «De humanis corporis fabrica». Este manuscrito daría un punto de inflexión a la nueva manera de ver la anatomía. En el texto de Vesalio vemos con claridad la nueva visión renacentista del cuerpo: el cuerpo es aceptado como una fábrica perfecta que refleja la maestría del Dios Creador. Vesalio presenta el cuerpo humano como una estructura arquetípica. Tal y como explica el profesor Arnulfo Velasco, los defectos de esa obra son entendidos desde una perspectiva un tanto platónica, pues considera los cuerpos como bocetos de Dios del cuerpo ideal. «Los cuerpos humanos existentes son únicamente ensayos [...] desarrollados por el gran Artista en su búsqueda de lo qué habrá de ser la obra perfecta».[5]

El cuerpo es el protagonista de la era renacentista. Como podemos observar, el dibujo de Leonardo da Vinci, el Hombre de Vitruvio, muestra con fervor el empeño por encontrar en el cuerpo la simetría, la proporción perfecta. A esta ola se le agregarían artistas como Miguel Ángel, Rafael, Weyden y Botticelli entre otros.

---

4. Eugenio Garin, *El Renacimiento* (Salvat, 2018), vol. 24, pág. 9.
5. Arnulfo Eduardo Velasco, *El cuerpo y sus significados: la perspectiva renacentista* (Revista Sincronía, 2002). http://sincronia.cucsh.udg.mx/velasco02.htm

Una de las pinturas más famosas de Miguel Ángel, la *Capilla Sixtina,* fue la bomba del día. El cuerpo ahora establecido y aceptado era el hermoso, el fuerte, el producto tangible que nos acercaba a la imagen de Dios, a la semejanza de lo divino. Entonces la Iglesia católica que había condenado el cuerpo ahora lo justificaba. La Iglesia católica ahora utilizaría esta nueva manera de pensar como símbolo de poder.

El Cristo medieval era feo, débil, pues recordemos que la belleza en el medievo conducía al pecado. Ahora en el Renacimiento, el cuerpo de Cristo dista de toda fealdad. En la *Capilla Sixtina,* vemos a un Cristo triunfante, esbelto y atlético, nada que ver con el Cristo débil y crucificado típico de incluso innumerables iglesias hoy en día. Pero si eso nos parece una hipocresía en absoluto, sigue leyendo: la *Capilla Sixtina* de Miguel Ángel muestra los cuerpos desnudos, algo que en siglos anteriores era impensable para el cristianismo romano.

Ante todos estos cambios, la Palabra de Dios permanece para siempre. Hasta el momento, hemos visto cómo el ser humano se fue desencantando de su propio pensamiento, buscando siempre algo nuevo, algo que genere satisfacción y sentido de propósito. Según Anthony Brandt y David Eagleman, en su libro *La especie desbocada,*[6] «Para apreciar la necesidad humana de innovar, basta con ver cómo se esculpe el pelo la gente que nos rodea. […] Todo evoluciona, la innovación es indispensable, los humanos exigen novedades, la esperanza es una forma de especulación creativa, e imaginamos que el mundo tal y como lo deseamos es mejor que el existente».

Así que podemos imaginarnos bien que el ejercicio y el objeto del cuidado (cuerpo) siempre han estado en suma tensión, de manera que no es nada nuevo que en nuestra edad contemporánea sigamos

---

6. Anthony Brandt, David Eagleman, *La especie desbocada* (Barcelona, España: Editorial Anagrama, 2022), págs. 21, 36.

con los mismos conflictos sobre el cuerpo y las ciencias que aplicamos para tal cuidado. Entonces, en la época renacentista nos encontramos con dos identidades palpables: aquellos que se subieron a la ola del Renacimiento en sus aspectos ideológicos, que perseveraron firmes en la teología del cuerpo de la Iglesia católica romana («el cuerpo es la debilidad de los hombres») y aquellos que se mantuvieron fieles desde el principio a la revelación del consejo de Dios plasmado en las Escrituras (si es que tenían acceso a ella). Y como el conflicto sigue en nuestro tiempo, debemos preguntarnos: ¿Ha vuelto Grecia a la iglesia moderna? ¿Existen cristianos con corazones renacentistas o medievales? Yo creo que sí, son una especie de Frankenstein.

En las iglesias del siglo XXI, existen cristianos medievales y renacentistas. Los primeros (medievales) observan el cuerpo con cierto celo, aún no digieren el cuidado corporal como un acto noble y digno de ser imitado. A veces lanzan palabras pasivas pero fuertes en contra de lo creado (cuerpo) de manera que advierten que el cuidado corporal es algo carnal y pecaminoso. Por su parte, los renacentistas, llevados por la doctrina y filosofía humanistas (de manera inconsciente o no) gozan de buena salud, pero de espíritu débil. Gozan de bellos cuerpos, pero con motivación humana, y destronan de forma insensata al Creador del cuerpo (sin darse cuenta o no) en muchas ocasiones. ¡Ay de aquellos que consideran el cuerpo el templo del Espíritu Santo y no lo administran como tal! ¡Y ay de aquellos que no consideran el cuerpo templo del Espíritu Santo, sino su propio reino!

Por más que el hombre moderno se afane por cambiar la finalidad, el uso y el concepto del cuerpo, el cuerpo nunca dejará de ser lo que fue llamado a ser: *templo.* El conflicto de todas las edades ha sido ese, usar el templo para nuestro propio reino, y no para el reino celestial.

Al otro lado de la historia

Manel de Aguas es un chico de 26 años de edad,[7] considerado transespecie por implantarse dos aletas (prótesis) en el cráneo. Una entrevista que publicó el periódico *La Vanguardia* el 31 de julio de 2023, dice que su prótesis lo conecta con la atmósfera, la lluvia y otras especies. Tuvo que trasladarse hasta Japón para realizarse tal operación porque la comunidad de «modificadores corporales» en Barcelona era muy pequeña.

A este movimiento se le conoce como los cíborgs. Un **cíborg** (del acrónimo en inglés *cyborg*: de ***cyb****er* [cibernético] y ***org****anism* [organismo], «organismo cibernético») es una criatura compuesta de elementos orgánicos y dispositivos cibernéticos, generalmente con la intención de mejorar las capacidades de la parte orgánica mediante el uso de tecnología. Una de las muchas preguntas que le realizaron a Manel fue: «¿Quiere usted hacer arte, tecnología, *denuncia*?» (cursiva añadida). Él contestó: «Quiero explorar los límites de lo que llamamos humano añadiendo órganos inspirados en especies no humanas... así que definimos este movimiento como cíborg transespecie. Y... sí, es *rebeldía*» (cursiva añadida).

En las últimas palabras de la respuesta de Manel, encontramos el problema de la humanidad entera frente al cuerpo y todo lo que engloba este material de mayordomía corporal; el problema del corazón es que es *un corazón rebelde*. La rebeldía es el comportamiento humano caracterizado por el desorden de vida, la desobediencia de una orden o el incumplimiento de una obligación. La Biblia dice en Proverbios 22:15 que *la necedad está ligada en el corazón del muchacho*. Necesitamos ser corregidos por la Palabra de Dios, pero ciertamente nadie desea ser corregido. La iglesia de este siglo necesita

7. *La Vanguardia*. Manel de Aguas, «Artista cíborg; ha participado en el festival Berdache de l'Hospitalet de Llobregat». 31 de julio de 2023. https://www.lavanguardia.com/lacontra/20230731/9142833/aletas-oir-cambios-mi-mente-manel-aguas.html

ser corregida en las maneras que está impulsando la forma de ver el cuerpo humano.

El muchacho de la historia de arriba es solo una muestra de lo que le está sucediendo al corazón de los cuerpos y, en consecuencia, al cuerpo mismo. Las iglesias deben entrenar a sus líderes para proveer consejo bíblico sobre cómo ver el cuerpo, proveer a los jóvenes espacios donde libremente puedan ser escuchados y alentados en la perseverancia de una mayordomía sabia para con sus cuerpos. La iglesia no debe menospreciar, ridiculizar ni etiquetar a todos aquellos hermanos que ejercen un cuidado intencional con el cuerpo, pese a que muchos denominados cristianos no lo hagan.

¿Recuerdas las palabras de Osho? «El mejor modo de conocer el propio cuerpo es penetrar en el interior de ti mismo y mirarlo desde ahí, desde la parte más profunda de tu ser, entonces resulta un gozo extraordinario de ver el funcionamiento, su tictac. Es el mayor milagro que ha ocurrido en el universo».

Estas palabras engloban el humanismo que estaba emergiendo en la época renacentista, y que puedo afirmar está más vivo que nunca en nuestros días. El sincretismo —que en su forma desarrollada y más estructurada en nuestro tiempo se llama *nueva era*— ha implementado una serie de patrones muy flexibles en la práctica del cuidado corporal, se filtran de mil maneras de modo que, sin una obligación doctrinal y sin pestañear, miles y millones de cristianos inmaduros en la fe caen en las trampas y las garras de la basura del humanismo vestido de vida saludable. Si el modo de *conocer* el cuerpo es profundizando en mi interior, entonces el cuerpo será lo que yo quiero que sea, y no lo que Dios ha determinado que sea. Si el objeto creado se define observándose a sí mismo, entonces ¿dónde queda Dios? El ser humano es su propio dios, un dios de barro. El cuerpo deja de ser templo de Dios para ser el palacio de mi propia tiranía.

El mayor milagro que ha ocurrido en el universo no es que el hombre conozca de sí mismo viendo su propio cuerpo. No, el mayor milagro es que el Creador del cuerpo haya vivido en uno y que reine por toda la eternidad en un cuerpo tangible. Ser cristiano no es tener exclusivamente una perspectiva fideísta del cuerpo, sino más bien sobria, responsable con el uso del mismo, justa, que provee al cuerpo lo que este necesita y lo ejercita en disciplina.

Y por último, el cristiano ve el cuerpo con piedad, con respeto por haber sido creado por el Dios tres veces santo. Esto debe afectar nuestra manera de vivir y por lo tanto, nuestra forma de tratar el cuerpo humano. ¿Es entonces el fin del cuerpo? Los cristianos bíblicos sabemos que no, ese no es el final. Sin embargo, lamentablemente en toda Latinoamérica la tradición católica cristiana fue la herencia de los conquistadores. Esa herencia no solo incluye el credo, sino todo el dogma no reformado del pensamiento católico. Por eso la mayor parte de la población del mundo donde la cristiandad no bíblica llegó —y donde no llegó también— se preocuparía siempre por cómo nos presentamos y no por lo que somos.

Pero la historia no acaba aquí. Con una buena dosis de teología corporal definida, ahora sí podemos lanzarnos al conocimiento de ver al ejercicio y la alimentación como medios e instrumentos efectivos en las manos de un mayordomo.

La MCB en acción

Quiera el Señor haber usado hasta el momento todo lo que has leído para que reflexiones sobre tus ideas en cuanto a tu cuerpo y tu vida saludable. Al principio del libro, realizaste el siguiente cuestionario. Hoy volvemos a hacer las preguntas iniciales para valorar qué ha cambiado. Esta es una excelente manera de saber qué ha pasado.

Vamos a ello:

¿Dónde estás ahora?

¿Cuán satisfecho estás con tu cuerpo?

a) Muy insatisfecho.
b) No pienso a menudo en ello.

c) Muy satisfecho.
d) ____________________.

¿Cómo considerarías tu peso corporal actual?
a) Bajo.
b) Ideal.
c) Más de lo que me gustaría.
d) Sobrepeso.

¿Cómo relacionas tu fe cristiana con el cuidado de tu cuerpo?
a) Considero que mi cuerpo es una parte integral de mi vida espiritual.
b) A veces lo descuido debido a otras prioridades.
c) ____________________.

¿Qué aspectos de tu salud física consideras que podrían mejorar desde una perspectiva bíblica?
a) Alimentación y ejercicio.
b) Descanso y manejo del estrés.
c) ____________________.

¿Qué desafíos enfrentas para adoptar un estilo de vida más saludable?
a) Falta de tiempo.
b) Falta de motivación.
c) ____________________.

¿Cómo percibes la conexión entre el cuidado del cuerpo y el servicio a Dios y a los demás?
a) Lo veo como una forma de glorificar a Dios.
b) No lo relaciono mucho con mi fe.
c) ____________________.

¿Qué aspectos de tu rutina diaria puedes ajustar para mejorar tu mayordomía corporal?

a) Tiempo de descanso y ejercicio.
b) Tiempo dedicado a la televisión y redes sociales.
c) ____________________.

¿Qué influencia crees que tiene tu entorno social en tus hábitos de salud?

a) Positiva, me anima a mantenerme saludable.
b) Negativa, me lleva a malos hábitos.
c) ____________________.

¿Cuáles son tus metas en términos de salud física y espiritual?

a) Equilibrar mi vida física y espiritual.
b) No tengo metas claras en este momento.
c) ____________________.

Responde brevemente:

- ¿Qué impacto crees que tiene tu mayordomía corporal en tu comunidad?
- ¿Consideras que el cuerpo es pecaminoso? ¿Por qué?
- ¿Cómo debería un cristiano ver su propio cuerpo?
- ¿Crees que dedicar tiempo al ejercicio es perder el tiempo?
- ¿Cómo conectarías la mayordomía corporal con Cristo?

Nota de tu entrenador: Te animo a que puedas realizar una comparación con tus respuestas anteriores y des gracias a Dios por aquellas diferencias visibles en todo sentido. También es un excelente momento para corregir, para organizarnos mejor si es necesario, pero sobre todo, para *depender* más del Señor y aferrarnos a la *identidad* que tenemos en Cristo en los procesos cotidianos de la vida saludable, porque aunque tu cuerpo cambie, *Su amor jamás cambiará.*

Capítulo 12

La educación física y el cristianismo

En esta primera parte de la historia de la educación física y el cristianismo, quiero que profundicemos en la influencia activa y pasiva que tiene el cristianismo en la aplicación de lo que actualmente conocemos como las ciencias del deporte y la nutrición. A lo largo de este capítulo, que he divido en dos partes para un mejor aprovechamiento del contenido, quiero que puedas acompañarme en un viaje de reflexión profunda y panorámica muy enriquecedor, siguiendo con nuestra dinámica de comprender nuestra situación actual eclesiástica en lo referente al ejercicio y el campo saludable, al ver la historia que nos ha traído hasta este preciso momento.

El inicio

Hace ocho mil años, el ser humano vivía a lo largo y ancho de toda la extensión que sus ojos podían ver. Estos años se caracterizaron por el movimiento libre y no reglamentado; los movimientos de los hombres eran naturales de acuerdo a las exigencias del contexto. La caza y la propia supervivencia los llevaron a desarrollar y perfeccionar patrones mecánicos como el salto, la ruleta, la capacidad de resistencia, etc. La gama de habilidades que los primeros hombres y mujeres desarrollaron están en peligro de extinción en nuestra vida actual. Su día a día era un constante movimiento, mientras buscaban el mejor ecosistema de vida, el mejor clima de la época, y la vida consistía en movimiento puro. Con el cierre de la época neolítica, en el año 4 000 a. C., se dio inicio a la Edad Antigua. Esta época trajo una nueva forma y organización de vida.

Los hombres y las mujeres de la Edad Antigua comenzaron a asentarse sobre los territorios, y el estilo de vida poco a poco se fue ajustando a estos nuevos comportamientos. La llegada de la agricultura como fundamento económico permitió el desarrollo de civilizaciones y el nacimiento de los grandes imperios; entre los más conocidos y de nuestro interés: Mesopotamia, Babilonia, Persia, Egipto, Grecia y Roma.

El avance de esta nueva forma de vida redujo la tasa de movimiento diario en comparación a la pasada, pero ni siquiera esa reducción de movimiento se compara con el sedentarismo del siglo XXI. El hombre comenzó a realizar movimientos repetitivos y analíticos. Estos movimientos pasaron de ser naturalmente libres a estar naturalmente limitados por el propio contexto. Ahora pasaríamos de correr detrás de la presa y comerla en el momento a criar ganado y organizar espacios para la producción. Es evidente que la productividad y la necesidad del movimiento no son conceptos del siglo XXI; son una forma de vida a la que muchos son ajenos en la comodidad de la era actual.

Las sociedades prehelénicas como China y la India desarrollaron de forma sistemática modelos de ejercicios físicos con el objetivo de mejorar la salud. Durante el auge de la cultura griega se desarrollaron los primeros Juegos Olímpicos alrededor del 776 a. C. Por su parte, la cultura romana relacionó la actividad física con el espíritu de la guerra y la lucha. Se entrenaban para el combate, se preparaban para morir. Por otra parte, los egipcios desarrollarían la carreras y la equitación. Fue esta civilización la que perfeccionaría el arte de la danza muy conocida entre las clases sociales más altas. En China, se desarrollarían entrenamientos para mejorar la arquería, la danza, el esgrima y las artes marciales muy marcadas por su dogma religioso.[1]

Hablar de deporte y ejercicio sin mencionar a los griegos es una narrativa incompleta. Lo que conocemos hoy como ejercicio, atletismo, deportes organizados y lo que puedes tener en la esquina de tu barrio, un gimnasio, es en cierta medida uno de los tantos aportes culturales y tecnológicos de los griegos a Occidente. Para los griegos, el desarrollo de la cultura estaba impregnado por el concepto de lo que hoy conocemos como educación física. En Atenas, los centros educativos estaban estrechamente relacionados con el movimiento. Los griegos de siete a catorce años de edad iban a la escuela, de catorce a dieciocho a la palestra (espacio dedicado a la lucha que formaba parte del gimnasio) y a los dieciocho pasaban al gimnasio, un espacio público donde no solamente recibían prescripción de ejercicios físicos para la preparación de los JJ. OO., sino que también era el espacio donde se reunían los filósofos del momento para dar a conocer sus enseñanzas y educar al pueblo.

El gimnasio y su influencia educativa en la Grecia clásica

Hace un tiempo, el Señor me concedió la oportunidad de conocer la famosa ciudad de Pompeya, ubicada en la hermosa Nápoles, Italia. Pompeya es ahora un desfile de turistas y solo quedan los recuerdos de aquella terrible noche que dejó cubiertos de cenizas los cuerpos, las casas y la totalidad de aquella importante ciudad antigua. Pero aun hoy en día en sus calles de enormes piedras blancas y muros naranjas, se encuentra una gran zona abierta que los griegos antiguos habían

1. Gobierno de la República Dominicana. Instituto Nacional de Educación Física, «Historia de la Educación Física». https://inefi.gob.do/historia-educacion-fisica/#:~:text=La%20educaci%C3%B3n%20f%C3%ADsica%20se%20origina,ha%20sido%20siempre%20la%20misma

denominado *palestra* (espacio dedicado a la lucha y ejercicio físico), y un *coliseo* no tan grande, pero sí muy impactante para las famosas luchas de los gladiadores. Ahí, en un mismo territorio, la cultura grecorromana.

Los gimnasios han sobrevivido a lo largo de la historia de la humanidad. Grecia sigue presente en cada rincón del mundo, en tu barrio, en tu ciudad, incluso a veces en nuestras propias casas cuando conformamos un espacio dedicado al entrenamiento que llamamos gimnasio en casa.

El gimnasio tiene sus orígenes en Atenas. Era el centro educativo griego. La palabra *gimnasio* deriva del vocablo griego *gumnos,* que significa «desnudo».[2] En la antigua Grecia, el gimnasio era el centro de educación intelectual y física de los varones adolescentes aristocráticos. La escuela hipocrática tuvo una gran influencia sobre la concepción del ejercicio. En alguno de los tratados médicos de la escuela de Hipócrates encontramos los siguientes comentarios:

Sobre el régimen de vida 1.2.3:

«Si además de eso pudiera hallarse en cada caso la proporción de alimentos y el número adecuado de ejercicios que no ofrecieran un desequilibrio ni por exceso ni por defecto, se descubriría con exactitud la salud para los hombres».

Sobre los aires, las aguas y los lugares 1:

«Quien quiera estudiar correctamente la ciencia de la medicina [...] debe conocer [...] el régimen de vida que llevan los hombres: si son aficionados a la bebida, grandes comedores y no soportan las fatigas, o bien si les gusta practicar deporte y esforzarse, comen bien y no beben».[3]

---

2. *Diccionario Bíblico Holman,* pág. 668, «Gimnasio».
3. Fernando García Romero, «¿Por qué practicaban deporte los griegos antiguos?». https://www2.march.es/storage/fundacionmarch/culturales/documentos/conferencias/4_40559.pdf

Con el avance de la civilización y la limitación de los movimientos físicos que produjo el sistema económico de la agricultura, la escuela hipocrática comenzó a realizar la primera prescripción individual de una serie de programas deportivos que poco a poco se fueron estructurando hasta modelar una planificación deportiva que comenzaba con los niños griegos a partir de los seis años de edad.

Muchos de los filósofos de mayor renombre en la antigua Grecia desarrollaron sus modelos de gobierno con el ejercicio físico como una política pública para los ciudadanos. Vemos los ejemplos claros de Platón y Aristóteles:

Platón, República III, 403c:

> Es necesario que los jóvenes reciban una escrupulosa educación física desde niños y sigan ejercitándose a lo largo de su vida.

Aristóteles, Política VII 16, 1335b:

> Es preciso también que las embarazadas cuiden su cuerpo, no abandonándose a la indolencia ni sirviéndose de una alimentación insuficiente. Y eso el legislador puede conseguirlo con facilidad ordenando que den un paseo todos los días [...]. En cambio, la mente, al contrario que el cuerpo, conviene que pase el tiempo con mayor relajación, pues es evidente que las criaturas reciben la influencia de quien las lleva, como las plantas de la tierra.[4]

Es evidente que desde la antigüedad, el desarrollo de la educación física se venía preparando como una potente plataforma no solo para el desarrollo físico, sino como un medio fabuloso de la educación integral del ser humano. Es precisamente esto último lo que, con mucha

---

4. *Ibid.*

sabiduría, el apóstol Pablo utilizaría para sus analogías en relación a la vida cristiana y la disciplina a la que está llamado el cristiano del primer siglo y, por supuesto, el del siglo XXI.

El ejercicio y el cristianismo

Hablar de ejercicio en círculos cristianos hoy puede ser muy extraño. Cuando comencé a trabajar como entrenador, muchos hermanos se acercaban a mí con amor y con preguntas muy especiales. Algunos me decían: «¿Cómo puedes ser cristiano y estar en un gimnasio?». Pero el ejercicio y el cristianismo no están en desacuerdo.

En todo el Antiguo Testamento no hay una sola mención al ejercicio físico o gimnasio de manera directa. Solo hay una expresión directa al ejercicio físico registrada en el Nuevo Testamento; este pasaje muy conocido ha sido objeto de mil interpretaciones, y muchos hermanos han llegado a la conclusión de que el ejercicio corporal para *nada* aprovecha. Pablo, escribiendo a su discípulo Timoteo, le dice:

> Porque el ejercicio corporal para poco es provechoso, pero la piedad para todo aprovecha, pues tiene promesa de esta vida presente, y de la venidera (1 Tim. 4:8).

Paul H. Wright comenta al respecto:

> Primera Timoteo 4:8 reconoce el valor del ejercicio físico, pero lo subordina al valor más grande de la santidad. Debido a que el cuerpo fue creado por Dios, es incumbencia de las personas cuidarlo. Esto se aplica especialmente a los cristianos, cuyo cuerpo es templo del Espíritu Santo (1 Cor. 6:19), que ha de ser presentado a Dios como sacrificio vivo (Rom. 12:1).[5]

---

5. *Diccionario Bíblico Holman,* pág. 504, «Ejercicio».

«A menos que estemos preparados para contradecir la declaración de Pablo, debemos aceptar que la afirmación de que "el ejercicio físico aprovecha" es una aseveración infalible de las Escrituras. Si reconocemos que el mensaje de la revelación general sobre el beneficio del ejercicio físico ha sido confirmado en el libro de la revelación especial de Dios, entonces es pecado que rehusemos participar de alguna forma de esta disciplina», señala el pastor Albert Martin.[6]

El ejercicio no es una invención griega; es una necesidad fisiológica implantada por el Creador en el cuerpo. El cuerpo fue creado para moverse; el movimiento glorifica al Creador del cuerpo. Cuando nuestros cuerpos realizan las funciones para las que fue creado, esto glorifica al Señor. Cuando los cristianos se ejercitan, adoran al Creador de sus cuerpos con sus propios cuerpos. ¿Te has preguntado por qué el apóstol Pablo le escribe solo a Timoteo acerca del ejercicio físico? ¿Por qué no le escribió a Pedro, a Tito o a Filemón al respecto? Creo acercarme a saber por qué fue así.

Timoteo ocupaba un lugar muy especial en el corazón de Pablo. El apóstol lo conoció en Listra. Timoteo nació de un matrimonio formado por un padre gentil (griego) y una madre judía llamada Eunice (2 Tim. 1:5). Si recordamos un par de capítulos anteriores de este libro, leímos sobre el contexto del proceso de la helenización, y el nacimiento de Timoteo fue precisamente en medio de ese tramo histórico. No tenemos información sobre el paradero del padre de Timoteo, pero como todo griego, puedo imaginar la influencia o la herencia de pensamiento que pudo haber querido dejar en el corazón y la mente de su hijo.

Según los comentaristas, cuando Timoteo recibió las cartas del apóstol Pablo que llevan su nombre, tenía más o menos unos treinta años[7]. Estaba en todo el fervor de su juventud, lleno de fuerzas y en medio de una sociedad muy convulsa. Timoteo era el joven ideal para ser heraldo

---

6. Albert Martin, *Cómo glorificar a Dios en tu cuerpo* (Madrid, España: Publicaciones Aquila, 2018), pág. 60.
7. Kostenberger, Kellum y Quarles, *El cordero y el león*, pág. 277.

del evangelio en medio de la mixtura judeohelénica y por supuesto, para dejar un mensaje claro sobre el ejercicio físico. Lo poco que aprovecha el ejercicio es lo que tu cuerpo necesita. Ni más, ni menos.

La cita de la muerte

Durante la Edad Media, la Iglesia católica romana se entronaría como la autoridad de la cosmovisión occidental. Tal y como sucedió con el cuerpo, la iglesia rechazó con rotundidad todo lo referente al ejercicio por considerarlo una práctica pagana de pueblos extraños, como mencionó el Dr. Ian Jenkins (ver cap. 7). La Iglesia católica romana hizo una interpretación de la realidad conforme a sus necesidades de gobierno, y no conforme a la revelación de las Escrituras. Como dijo el teólogo católico Maroux: «En la época cristiana, la educación física asiste a su bella muerte, sin revolución violenta, como una institución vieja».[8]

Líderes católicos de la Edad Media también han dejado registrado el desprecio hacia la práctica deportiva, algo tristemente heredado por miles de cristianos, sobre todo en Latinoamérica. Uno de los recuerdos inmemorables más tangibles de la cosmovisión católica sobre el ejercicio y la práctica deportiva lo escribió Basilio de Seleucia (IV p.C.), en el sermón 27:

> ¿Qué otra cosa son los Juegos Olímpicos más que una fiesta a un dios que supone un ultraje para la cruz? ¡Oh, males insoportables! Aquellos a los que la cruz ha rescatado los atrapa de nuevo el diablo; aquellos a los que Cristo con Su sangre ha liberado los hace prisioneros de nuevo el tirano.[9]

---

8. Comentario de Maroux: Exposición de Fernando Garcia Moreno Fundación Juan March.
9. Fernando García Romero, «¿Por qué practicaban deporte los griegos antiguos?». https://www2.march.es/storage/fundacionmarch/culturales/documentos/conferencias/4_40559.pdf

Observando a los griegos, la respuesta de los católicos romanos a la forma de ver el ejercicio y, por supuesto, de nuestra generación actual y algunas de nuestras iglesias, se vislumbra el problema que se ha ido transmitiendo generación tras generación. ¿Cuál es? La respuesta es el que comenzó en el Edén: adoramos de forma equivocada, por un acto de mera rebeldía contra Dios mismo.

Los griegos utilizaron sus capacidades físicas para la práctica de adorar a sus dioses, los católicos adoraron sus propias normas y llevaron a todos los pueblos a ver el cuerpo y el ejercicio como asuntos pecaminosos y poco útiles para los cristianos. La generación del siglo XXI es una mezcla de todos estos conflictos históricos. Nos encontramos ante un reto de suma importancia, pues aunque duela decirlo, los cristianos no han sido voceros —o, al menos, voceros relevantes— de cómo deben verse el cuerpo y el ejercicio en nuestra generación; tristemente, ni en nuestras propias congregaciones.

Nuestras iglesias están llenas de personas con falta de gobierno en su ingesta alimentaria. Somos objetos de burla y chistes como por ejemplo: «Los cristianos no beben pero ¡cómo comen!», o «El pastor sin panza no da confianza». Nos reímos, pero deberíamos sentir una profunda vergüenza y arrepentirnos de no ser la luz que deberíamos ser ante el mundo, y pedir perdón al Creador de nuestros cuerpos por no usar las ciencias que Él creó para Su gloria y beneficio de Su pueblo.

La Reforma protestante y el ejercicio físico

Con la presión y el auge renacentista, el cuerpo y el ejercicio cambiarían de manera radical. El siglo XVI estaría marcado por cambios que sacudirían al mundo hasta el día de hoy. En 1517, Martín Lutero, con 34 años de edad, clavaría sus 95 tesis en la catedral de Wittenberg, Alemania. La Reforma protestante no solo fue un volver a la centralidad de las Escrituras; fue un cambio total en la cosmovisión del individuo como persona, como trabajador y como estudiante. Fue una reforma en todo lo que significa *ser delante de Dios y de los hombres.*

Junto con la Reforma protestante, también había sobrevenido un cambio en el contexto sociocultural del momento. El Renacimiento provocó el surgimiento del humanismo; dos fuerzas totalmente contrarias habían surgido: el humanismo, que centraría al ser creado como el objeto principal de interés, y la Reforma protestante, que llevaría al ser humano a volver la vista al Sustentador de todas las cosas, Cristo.

Visto de una forma gráfica, la Reforma protestante hizo lo siguiente:

TEOLOGÍA[10]

Antropología, Cristología, Ciencias...

Como menciona R. C. Sproul en su libro *¿Qué es la teología reformada?*, la teología es la reina de las ciencias y todas las demás disciplinas son sus doncellas.[11]

Por otra parte, en el siglo XV, en Florencia, Italia, comenzaría una de las mayores calamidades que le ha podido acontecer a la humanidad, el brote del humanismo. Visto de una forma gráfica, el humanismo haría lo siguiente:

---

10. Este diseño ha sido inspirado en el diagrama 0.1 de R. C. Sproul en el libro *¿Qué es la teología reformada?*
11. R. C. Sproul, *¿Qué es la teología reformada?* (Colombia: Poiema Publicaciones, 2016), pág. 16.

HUMANISMO

Cultura, Ciencias, Teología, Antropología

El centro de todo yace ahora en el hombre, y no en lo que Dios dice acerca del hombre. Ahí esta la gran distinción de estas dos cosmovisiones, y aunque aparentemente están en lucha, la teología bíblica es la que ofrece en todo sentido una respuesta lógica y coherente en la vida práctica y en cada una de las necesidades de la vivencia humana. Pero ¿por qué nos interesa observar estas formas de vida? Nos interesa por tres razones.

En primer lugar, porque el humanismo en su aporte al arte y las ciencias, provee una plataforma para que la educación física se posicione como una ciencia relevante y necesaria para el ser humano. Superficialmente, es el escaparate perfecto para la educación física que había sido aplastada por la iglesia católica. Ahora, el ejercicio y su estructura más compleja denominada «educación física» lo posicionarían como modelo de enseñanza, un caballo de Troya que en el siglo XXI estamos viendo su guerra.

En segundo lugar, porque aun con el resurgir del arte, las ciencias y el aparente compañerismo entre la iglesia, los artistas y científicos renacentistas, en la Edad Moderna se buscaría una fragmentación completa de esta relación crónica donde se enfatizarían la autonomía y racionalidad humanas. Al perder así la Iglesia católica toda autoridad —y como vemos hoy en siglo XXI, al no tener autoridad—, busca siempre la alianza primando la influencia popular antes que la revelación de la santa Palabra de Dios.

En tercer lugar, la Reforma protestante y todos sus promotores se sometieron a la Palabra de Dios, que por sí sola es la fuente final de autoridad en todas las cosas[12], lo cual provocaría un cambio radical y para siempre en la forma de ver el ejercicio, al menos para los cristianos.

Caminos diferentes

La práctica del ejercicio físico, de alguna manera extraña y casi natural por nuestra parte, nos conduce al principio siempre a ejercerlo como un proceso de búsqueda de ambición personal, ya sea por el más noble objetivo de salud o por el monstruo de la vanidad vestida de muchas caretas. Pero al fin y al cabo, ambas razones se sostienen del mismo combustible: el ego. Sí, tal y como lo escuchas; entrenar por salud es egocéntrico. Es egocéntrico por el simple hecho de que, cuando lo primero que buscas es tu bienestar, entonces no estás pensando en el otro, estás pensando en ti. Quizás, mientras lees, te saltará la siguiente pregunta: ¿pero cómo cuidaré de los otros si no cuido de mí? Esa será una pregunta que contestaré a lo largo de este siguiente segmento.

Consideremos al padre de la educación física, Juan Jacobo Rousseau, quien estaba entregado por completo a la filosofía humanista, con su distinguida frase «el hombre es bueno por naturaleza, es la sociedad la que lo pervierte». Continuando con la idea gráfica antes presentada, Rousseau posicionó al ser humano como el centro de lo naturalmente bueno y el objetivo final de las cosas, y todo lo demás estaba por debajo de este supuesto. Las ideas de Rousseau en cuanto a la educación física son notoriamente buenas para el cuerpo pero de manera intrínseca dañinas para el corazón. Buscaba proyectar a través de la educación física un modelo de enseñanza integral para el ser humano, pero con

12. Este comentario fue extraído de *La Biblia de la Reforma*, (Ligonier Ministries y Publicaciones Poiema, 2015), pág. 2326, «El significado de la historia y de la vida».

una clara separación de la teológica bíblica. En el libro *El Emilio,* dice lo siguiente:

> No me detendré para demostrar por extenso la utilidad de los trabajos manuales y de los ejercicios corporales para reforzar el temperamento y la salud; esto es una cosa que nadie discute: los ejemplos de vidas más dilatadas se sacan casi todos de hombres que han realizado el ejercicio más intenso, que han soportado la mayor fatiga y trabajo.[13]

Rousseau entendía que la educación debería promover el desenvolvimiento espontáneo de la sensibilidad, al punto de que el ser humano viera con sus propios ojos, sintiera con el corazón y no fuera gobernado, a no ser más que por su propia razón[14]. Rousseau inyectó el veneno del secularismo y el humanismo a la educación física, y yo me atrevo a decir que a todo lo que el ejercicio refiere; esta idea pedagógica de sistematizar la educación física como medio de enseñanza y formación educativa para los niños y jóvenes venía cargada de una fuerte idea antiteísta que, hasta el día de hoy, ha surtido efecto. Podemos verlo en preguntas como: ¿qué tiene que ver el ejercicio con la fe cristiana?

He querido conformar una lista de nombres que han sido de gran importancia para la educación física. Permíteme al menos darte nueve nombres para continuar con la dinámica: Cristóbal Méndez, Immanuel Kant, John Locke, Vittorino Ramboldini, Thomas Elyot, Martín Lutero, Michel Eyquem, Francisco Rabelais y Vittorino de Feltre.

¿Qué tienen en común estos nombres a excepción de Martín Lutero? Que todos los que han hecho aportes a la educación física (en

---

13. Cornejo, en Rousseau, J.J. (1994), *Emilio o de la educación* (Madrid: Edaf), pág. 58.
14. Silvana Vilodre Goellner, «Jean-Jacques Rousseau y la educación del cuerpo». Diciembre de 1997. http://www.efdeportes.com/efd8/silvge8.htm

su mayor parte) tienen un trasfondo humanista. Después del auge de la Reforma protestante, vendría la oposición ideológica (la Ilustración) que atacaría al cristianismo. En el siglo XVII llegan a Juan Calvino las reflexiones y enseñanzas de Martín Lutero. Juan Calvino se convierte del catolicismo al cristianismo, y viaja a Ginebra donde se vuelca por llevar la Reforma iniciada en el siglo XVI[15]. Sorprendentemente, dos hijos de Ginebra proponen dos caminos totalmente diferentes: Juan Calvino y Juan Jacobo Rousseau. Llegaron a respuestas bastantes diferentes a la pregunta de la autoridad, y a visiones diferentes de la sociedad y la cultura. La modernidad siguió el camino de Rousseau. La Iglesia debe seguir el camino de Calvino.[16]

La suficiencia de las Escrituras fue uno de los pilares de la Reforma. La *sola Scriptura,* la autoridad y la inerrancia de las Escrituras, también se expone en la forma en la que observo las ciencias que Dios creó para beneficio de Su pueblo pero para gloria de Su nombre. Para los cristianos bíblicos, solo la Biblia es nuestra guía segura para la vida. Mientras nos mantengamos fieles a la Biblia en nuestros procesos saludables, en la aplicación de las ciencias al cuerpo y en la forma en que analizamos el cuerpo, entonces el evangelio brillará con todo su esplendor, la gloria de Dios será manifiesta en nuestros cuerpos, en nuestros procesos y seremos mayordomos fieles.

Como señala Stephen J. Nichols en su articulo *La Reforma*:

> La Reforma transformó la sociedad y la cultura de forma radical. Esto es especialmente cierto con respecto a la doctrina de la vocación […] los reformadores articularon una robusta doctrina de la vocación, en la cual todo en la vida podía hacerse para la gloria de Dios […] los reformadores también creyeron que Dios se revela a sí mismo en Su

---

15. Bite Project. Giovanny Gómez, «Juan Calvino: pastor, intelectual y reformador francés». 27 de mayo de 2024. https://biteproject.com/juan-calvino/
16. *Biblia de Estudio de la Reforma*, pág. 2326, «El significado de la historia».

> mundo, y que tenemos la obligación de subyugar Su creación como vicerregentes de Su gloria.[17]

En definitiva, vivir solo para la gloria de Dios. Entonces ¿cómo cuidaré de los otros si no cuido de mí? La respuesta es sencilla de decir, pero compleja para el corazón. Los cristianos deben ejercitarse con la mayor de las responsabilidades, teniendo presente en sus corazones que se ejercitan no para ellos mismos sino para adiestrar sus cuerpos para el servicio y todas las maneras en las que esto luce. Los cristianos se ejercitan como una forma de amor, no para ellos mismos, sino por el beneficio que el servicio ofrece al corazón. Me ejercito pensando en las necesidades del otro. Me ejercito pensando en cómo podré ayudar con mis piernas al evangelio de Cristo, cómo podré ayudar con mis brazos a los ancianos de mi iglesia, cómo podré con mi cuerpo con sus capacidades entrenadas servir en mi hogar, en el matrimonio, en la familia, en la sociedad. Los beneficios de la actividad física no dependen de ti, descansan en la soberanía del Señor y Amo del cuerpo, pero tu responsabilidad es hacer lo que como cristiano estás llamado hacer: ser mayordomo, ser un servidor no de tus intereses sino de los de tu Señor, y de todos aquellos poseedores de la imagen de Dios.

GLORIA DE DIOS

Ejercicio, Dieta, Cambio de Hábitos, Descanso, Productividad

Como consecuencia de la Reforma, a principios del siglo XVIII se desarrolló un avivamiento en Inglaterra, el cual se extendería por

17. *Ibid.*

toda Gran Bretaña y las colonias de Norteamérica. Esto produciría el avance misionero, la abolición de la esclavitud y la legalización del bienestar infantil,[18] lo que tendría un efecto en el desarrollo de la Educación Física. El anglicano George Williams (1821-1905), fundaría la Young Men's Christian Association, una organización que en español se reconoce con el nombre de Asociación Cristiana de Jóvenes. George Williams pretendía alejar a los jóvenes del juego y de la bebida, además de brindarles un espacio para la recreación ante las duras condiciones de trabajo durante la Revolución Industrial. Entre los aportes de esta organización, tenemos:[19]

- La creación del básquetbol y el voleibol en EE. UU.
- En América Latina, la creación del fútbol de salón.

En 1795, nacería el anglicano Thomas Arnold, fundador de la Escuela de Rugby, pero más conocido por su papel en la novela *Tom Brown's School Days* [Los días escolares de Tom Brown], escrita por Thomas Hughes, de donde emergería la filosofía conocida como el *cristianismo musculoso.*

> «En la segunda mitad del siglo XIX, durante la época victoriana del Imperio británico, surge, en el seno de la Iglesia anglicana, el movimiento denominado Cristiandad Muscular. Este movimiento encuentra en la práctica deportiva el soporte material para promover e instaurar una nueva cultura o ethos corporal moderno, cristiano, masculino y muscular. El gentleman-amateur inglés encarna la imagen del nuevo ethos burgués que rápidamente se expande por la

---

18. Bite Project. Giovanny Gómez, «¿Cómo nació y en qué cree la Iglesia ANGLICANA?». 5 de febrero de 2021. https://biteproject.com/anglicanismo/
19. https://web.archive.org/web/20081014040219/http://www.generacion21.com.ar/?p=queeslaymca#aportes

> sociedad inglesa y sus colonias, y el resto del mundo secular, moldeando el modo en que los estados modernos conciben el cuerpo y la educación corporal».[20]

Así se crea la fusión entre esta idea de caballero británico y la YMCA. Pero ¿qué es el cristianismo musculoso? Hughes lo muestra así:[21]

> El menos importante de los cristianos musculares cree en la creencia cristiana y caballeresca de que el cuerpo de un hombre se le concede para ser entrenado y llevado al sometimiento, y luego utilizado para la defensa de los débiles, el avance de todas las causas buenas, y la subyugación de la tierra que Dios ha dado a todos los hijos de los hombres. No sostiene que la mera fuerza o actividad física se merezcan ningún tipo de respeto o veneración, o de que un hombre sea mejor que otro porque lo pueda tirar al suelo, o porque pueda llevar un saco de patatas más grande que él. Porque al mero poder, del cuerpo o del intelecto, que tiene (espero y creo) no hay que tenerle ningún tipo de reverencia.[22]

Como lo citan en el foro de mis investigaciones, Hughes y el cristianismo muscular ponen mucho énfasis en lo físico, que de

---

20. Research Gate. Paula Malán, «Cristiandad Muscular y Asociación Cristiana de Jóvenes: la llegada del deporte a las colonias valdenses del Uruguay». Junio de 2018. https://www.researchgate.net/publication/326643427_Cristiandad_Muscular_y_Asociacion_Cristiana_de_Jovenes_la_llegada_del_deporte_a_las_colonias_valdenses_del_Uruguay
21. Hughes, Thomas, *Tom Brown at Oxford* (Nueva York: John W. Lovell Company, s.f.).
22. George P. Landow, «Tom Brown at Oxford y el Cristianismo Muscular». 28 de junio de 2008. https://victorianweb.org/espanol/autores/hughes/muscular.html

alguna forma ha de ser espiritualizado.[23] Para Hughes, el cuerpo y la actividad física son como dos fuerzas que unidas producen un superhombre patriótico, intelectual y cristiano. El énfasis en lo físico puede ser un cuestionamiento a tal filosofía, pero no cabe duda de que el ideal puede ayudarnos a comprender de alguna manera la relevancia no del físico sobre el espíritu, sino más bien la exposición de lo espiritual a lo corporal en el sentido deportivo del concepto. La educación física nos habla de la revelación general de Dios a través del cuerpo, sin embargo, el evangelio nos brinda la revelación especial y, por lo tanto, el fin supremo del cuerpo humano. «Cuídate de cualquier enseñanza que realce la salud física y la preservación del cuerpo como la meta suprema».[24]

Por lo tanto, los cristianos no entrenamos por salud; entrenamos para la gloria de Dios. La salud está en manos del que creó mi cuerpo y la ciencia que aplico al cuerpo. La educación física debe ir acompañada de entrenamiento teológico corporal. Nuestras iglesias deben pasar por una reforma en la manera en la que han observado el ejercicio físico durante muchos años. Comenzando por sus líderes, desarrollaré más adelante en el pilar de la comunidad la importancia de la mayordomía corporal en la iglesia local.

El conocimiento como principio en la MCB no solo refiere a conocer las ciencias que Dios creó, sino que al conocimiento de las ciencias le precede el temor del Señor. No puede haber una aplicación santa de las ciencias (sean estas las deportivas o nutricionales) al cuerpo sin conocer los atributos de Dios. Cada uno de los atributos de Dios debe marcar el camino de nuestros procesos saludables. Ahora bien, ¿cómo aplico la ciencia nutricional al cuerpo? ¿Te sientes impotente de no poder gobernar tus apetitos alimenticios? hagamos un acercamiento a lo que he llamado «nutrición bíblica».

---

23. *Ibid.*

24. Albert Martin, *Cómo glorificar a Dios en tu cuerpo*, pág. 32.

Capítulo 13

Si Dios creó la comida, ¿por qué es tan difícil para mí?

Me costó mucho. Hace un par de noches, llevaba varias horas sin comer por acumulación de trabajo (una mala planificación de mi tiempo alteró mis acciones calculadas). Sin embargo, hice un almuerzo muy contundente porque sabía lo que sería el resto del día. Al llegar las nueve de la noche, tenía mucha hambre. Mentalmente, saboreé las galletas de chocolate que tenía hace algún tiempo en la alacena. Llegué a tocar el plástico, pero de inmediato pensé en tomar un vaso de agua, y al instante pensé en abrir las galletas, y así una batalla campal de un minuto que pasaba por mi mente… ¿qué debía hacer? Por fin, oré al Señor y decidí tomar agua y prepararme un sándwich con huevo y queso. Aprendí dos cosas: mi lucha no es contra la galleta de chocolate, mi lucha no es contra el hambre. Mi lucha es contra la pereza. Era más fácil abrir la galleta que preparar una tortilla francesa y todo lo que conlleva. La mayordomía es así en la vida real.

El problema no está en la comida, el problema está en el corazón del que come. No necesitas una dieta perfecta; necesitas aferrarte al Creador del cuerpo con todas tus fuerzas, y aplicar la teología práctica a tu día. Esto te ayudará a madurar en el proceso e identificar los puntos claves y las debilidades de tu cuidado corporal.

La mayordomía corporal bíblica es disciplina bíblica al cuerpo, el autogobierno con finalidad eterna, no una afirmación humanista de buscar la mejor versión de ti mismo.

¿Qué es la nutrición bíblica?

Podríamos definir la nutrición bíblica como el cimiento sobre el cual descansa el objetivo final de la nutrición científica. En otras palabras, para los cristianos, el desarrollo de una buena ingesta no solo se centra en el correcto y equilibrado aporte energético al cuerpo según las necesidades específicas del individuo, sino también en el propósito de la comida para el ser humano y el propósito del ser humano para la ingesta diaria de los alimentos. La comida comunica verdades eternas a los seres humanos, y los seres humanos responden a estas verdades generales y especiales de diferentes maneras según lo que abrace el corazón. Cuando hablo de nutrición bíblica, me refiero ampliamente al consejo de Dios revelado en las Escrituras sobre el alimento. La comida es importante en la Biblia.

Abordaré el concepto de nutrición desde un enfoque teológico por dos motivos: en primer lugar, porque la finalidad de la nutrición es manifestar la gloria de su Creador y la gran necesidad que tienen los cuerpos creados, y en segundo lugar, porque solo soy entrenador y no nutricionista. Así que no tomes ninguno de mis argumentos como base para cambiar tu dieta en los aspectos científicos y técnicos sin antes consultar a tu médico y nutricionista de confianza.

Diseño, caída y nuevo pacto alimenticio

Después de la creación del hombre en Génesis 1:27, en Génesis 1:29-31 Dios da una serie de instrucciones sobre qué debería comer Su creación. Casi elabora una dieta, en concreto, la del hombre y la mujer creados a Su imagen y semejanza. Leamos:

> Y dijo Dios: He aquí que os he dado toda planta que da semilla, que está sobre toda la tierra, y todo árbol en que hay fruto y que da semilla; os serán para comer. Y a toda bestia de la tierra, y a todas las aves de los cielos, y a todo lo que se arrastra sobre la tierra, en que hay vida, toda planta verde les será para comer. Y fue así. Y vio Dios todo lo que había hecho, y he aquí que era bueno en gran manera. Y fue la tarde y la mañana el día sexto.

En primer lugar, observa que el alimento es un regalo de Dios para los seres humanos, pero no solamente eso, es un regalo que Dios consideró *bueno en gran manera* (v. 31). Muchos círculos cristianos utilizan este pasaje como argumento para considerar un estilo de vida vegano; sin embargo, no nos apresuremos. Como menciona Nancy Pearcey en su libro *Ama tu cuerpo:* «Nuestros actos pueden implicar ideas que no hemos meditado a fondo».[1]

Así que Dios creó la comida y la considera buena en gran manera. Entonces, es preciso preguntar: ¿cómo es posible que los seres humanos sean capaces de llamar a ciertos sustratos energéticos algo intrínsecamente malo? En especial, a los «malos de la película»: los carbohidratos. Los carbohidratos no son malos. El abuso de ciertos carbohidratos sí lo es; eso es muy diferente. Si llamamos malo a lo que Dios ha hecho, estamos diciendo que Dios se equivocó en lo que creó, y esto no es así.

Algo que es especial de este pasaje de manera implícita es que no debemos huir de la palabra «dieta». Esta palabra es un martirio para muchos corazones. Muchos de mis aconsejados vienen de intensas luchas por siempre «estar a dieta». Sin embargo, la dieta es

1. Pearcey, *Ama tu cuerpo*, pág. 50.

un modelo, una estructura que establece nuestra forma de comer. La dieta es orden (en el sentido estricto de la palabra). Dieta deriva del griego δίαιτα,[2] que significa «régimen de vida», prácticamente un sistema, una forma de gobierno en cuanto a la alimentación. Lo vital y la diferencia está en cómo luce esa estructura en su contenido y en el carácter de la persona que se suscribe a una.

En las RR. SS., abunda el concepto de la «antidieta». Después de leer todo el libro de Harvey y Marilyn Diamond titulado *La antidieta*, puedo rescatar algunos elementos e ideales de medicina integrativa, pero no digiero del todo su cosmovisión sobre alimentación. Aquí mis razones: en primer lugar, el título es contradictorio, pues todo el contenido del libro habla sobre la estructura de la «antidieta», pero en el contenido, es una dieta. Vender una dieta como si no fuera dieta no es muy sabio.

En segundo lugar, su concepto de medicina integrativa se solapa muy fuertemente con lo que hoy se conoce como nueva era. Harvey escribe al respecto que la metas de la medicina integrativa son la calma espiritual, la paz emocional y la buena forma física. Suena muy atractivo, pero los cristianos sabemos que el mundo no necesita paz espiritual ni emocional; los seres humanos necesitamos arrepentirnos de nuestros pecados, y lo único que proporciona paz verdadera en este mundo caído no es el bienestar falso integrativo en un mundo temporal, sino la dirección final y eterna de nuestro espíritu y nuestro cuerpo.

En tercer lugar, el problema no está en la dieta, sino en el corazón. Harvey dice: ¿Por qué no funcionan las dietas? La respuesta es en realidad muy simple. ¿En qué piensa uno cuando está haciendo dieta? Tal como me sucedía a mí, solemos pensar en lo que vamos a comer cuando haya terminado esa dura prueba. ¿Cómo es posible tener éxito con una dieta si uno no piensa más que en comer?

---

2. Real Academia Española, https://dle.rae.es/dieta,%20para%20ver%20el%20significado%20etimol%C3%B3gico%20de%20la%20palabra.

«La privación no es la forma de lograr una pérdida de peso saludable y permanente».[3] Aquí Harvey está haciendo una afirmación que contiene una media verdad. ¿Por qué no funcionan las dietas? Las dietas no funcionan porque los hombres y las mujeres quieren comer como ellos desean, de acuerdo a los deseos de sus corazones, de acuerdo a su propia naturaleza caída. Mostramos en nuestras formas de comer la podredumbre del pecado que ha llegado a distorsionar no solo el regalo del movimiento sino también el de la comida dado por Dios desde la creación. ¿En qué piensa uno cuando está comiendo? Pues en lo que abraza el corazón insatisfecho, en más comida. Finalmente concluye: «la privación no es la forma de lograr una perdida de peso saludable y permanente». Si la privación es sinónimo de límites, entonces aquí tenemos la raíz del problema de la comida: la rebeldía, el pecado que mora en el corazón. A Eva se le presentó en el fruto del árbol. Hoy tan solo hemos perfeccionado el arte de la comida que nos entra por los ojos y que atrapa nuestros corazones (ver cap. 10, la sección «El deseo de comer de más»).

Lysa Terkeurst, en su libro *El lunes empiezo de nuevo*, hablando sobre la comida, cita: «Nosotros consumimos lo que pensamos. Y lo que pensamos puede consumirnos si no tenemos cuidado. Ansiamos comer lo que comemos».[4]

En Génesis 1:29, también observamos que el alimento natural es la norma de diseño; es decir, que nuestro cuerpo fue creado para este tipo de alimentos, alimentos naturales para un cuerpo natural. Después de la caída del ser humano, la creación no volvió a ser la misma ni la comida sabe como debería saber, y nuestros cuerpos mueren como no deberían morir. Romanos 8:20-23 lo señala de la siguiente manera:

---

3. Harvey y Marilyn Diamond, *La antidieta* (Barcelona, España: Ediciones Urano, 2011), pág. 28.
4. Lysa Terkeurst, *El lunes empiezo de nuevo* (Nashville, TN: Grupo Nelson, 2022), pág. 5.

> Porque la creación fue sujetada a vanidad, no por su propia voluntad, sino por causa del que la sujetó en esperanza; porque también la creación misma será libertada de la esclavitud de corrupción, a la libertad gloriosa de los hijos de Dios. Porque sabemos que toda la creación gime a una, y a una está con dolores de parto hasta ahora; y no solo ella, sino que también nosotros mismos, que tenemos las primicias del Espíritu, nosotros también gemimos dentro de nosotros mismos, esperando la adopción, la redención de nuestro cuerpo.

Después de la caída, con Noé se establece una nueva forma de alimentación, un nuevo modelo que daría la apertura a la res. «Todo lo que se mueve y vive, os será para mantenimiento: así como las legumbres y plantas verdes, os lo he dado todo» (Gén. 9:3). El comentario sobre este versículo encontrado en *La Biblia de la Reforma* dice lo siguiente:

> Más allá de iniciar la práctica de comer carne, podría ser que este mandamiento divino esté simplemente permitiendo lo que la humanidad pecaminosa ya había estado practicando. De hecho, Juan Calvino y otros estudios reformados argumentan que los humanos ya tenían permitido comer carne desde antes del diluvio, e incluso antes de la caída. Es significativo que no se hace distinción entre lo limpio y lo inmundo, una situación que se restaura bajo el nuevo pacto (Mar. 7:19; Hech. 10:9-16, 1 Tim. 4:3-5).[5]

Así que en resumen, tenemos el regalo del alimento. El alimento natural es lo que debería dirigir nuestras mayores ingestas. El alimento es perfecto, y todo nos ha sido dado por Dios para una mayordomía sabia y para Su gloria.

---

5. Comentario extraído de *La Biblia de la Reforma,* pág. 27, v. 2 del cap. 9.

Los cuerpos glorificados comen y comerán

Siempre me he preguntado: ¿cómo sabrá el pan en el cielo? Es una respuesta que sé que disfrutaré cuando me encuentre en la ciudad de Dios. Pero mientras sigamos aquí, bien nos hace ver lo que la Biblia nos deja al respecto. Algunos consideran que ir al cielo será el fin del deleite. ¡Todo lo contrario! En el cielo todo será restaurado, la comida sabrá a comida, y nuestros cuerpos serán restaurados: no más achaques, no más sobrepeso, no más dolores, todo será perfecto. Sin embargo, en la Escritura tenemos evidencia de que nuestros cuerpos glorificados serán capaces de comer y disfrutar lo que comen.

En Génesis 18, tenemos una de las escenas que más me asombran de la relación entre la comida, las personas, y nuestra esperanza. Leamos:

> Después le apareció Jehová en el encinar de Mamre, estando él sentado a la puerta de su tienda en el calor del día. Y alzó sus ojos y miró, y he aquí tres varones que estaban junto a él; y cuando los vio, salió corriendo de la puerta de su tienda a recibirlos, y se postró en tierra, y dijo: Señor, si ahora he hallado gracia en tus ojos, te ruego que no pases de tu siervo. Que se traiga ahora un poco de agua, y lavad vuestros pies; y recostaos debajo de un árbol, y traeré un bocado de pan, y sustentad vuestro corazón, y después pasaréis; pues por eso habéis pasado cerca de vuestro siervo. Y ellos dijeron: Haz así como has dicho. Entonces Abraham fue de prisa a la tienda a Sara, y le dijo: Toma pronto tres medidas de flor de harina, y amasa y haz panes cocidos debajo del rescoldo. Y corrió Abraham a las vacas, y tomó un becerro tierno y bueno, y lo dio al criado, y este se dio prisa a prepararlo. Tomó también mantequilla y leche, y el becerro que había preparado, y lo puso delante de ellos; y él se estuvo con ellos debajo del árbol, y comieron (Gén. 18:1-8).

Este texto daría para mil estudios, pero me centraré en dos puntos. El primero: *los cuerpos glorificados comen.* Dios se aparece a los patriarcas en varias ocasiones. Esta es una de muchas (Gén. 15:1, 4; 17:1, 18:1, 20:7).[6] El Señor se presenta a Abraham junto con dos varones (ángeles). En el versículo 5, estos hombres aceptan la invitación de Abraham, y en el versículo 8, Abraham los acompaña a comer debajo de un árbol. ¡Es algo extraordinario! Solo de imaginarlo es increíble. Lo más asombroso de esto es el manjar que comen: panes cocidos, ternera, mantequilla, leche. Prácticamente ahí tenemos los tres sustratos energéticos: proteínas, grasas y carbohidratos, listos para ser servidos al Señor y Sus ángeles.

En segundo lugar, quiero que nos detengamos un instante en la actitud de Abraham. Abraham es un excelente ejemplo de mayordomía en cuanto al uso de la comida. La comida es el medio que Abraham utiliza para servir, para adorar al mismo Dios. No solo es un medio de gratificación personal o un deleite gastronómico, no. Abraham ve la oportunidad de servicio y lo realiza con el regalo que Dios mismo le había dado: el alimento. La comida es un medio de servicio, no un mero deleite para el corazón.

La comida también fue un elemento utilizado por Jesús para validar Su resurrección corporal. En el Evangelio de Lucas 24:41-43, leemos:

> Y como todavía ellos, de gozo, no lo creían, y estaban maravillados, les dijo: ¿Tenéis aquí algo de comer? Entonces le dieron parte de un pez asado, y un panal de miel. Y él lo tomó, y comió delante de ellos.

Es maravilloso. En Cristo habita corporalmente toda la plenitud de la Deidad, el Dios que creó el pez y la miel, disfrutando de Su propia creación… ¡qué imagen más sorprendente!

---

6. *La Biblia de la Reforma*, pág. 33.

El corazón ama la comida

Después de haber salido de más de 400 años de esclavitud, con sus familias maltratadas, de haber sido sometidos a trabajos forzosos, con sus cuerpos deteriorados por el castigo físico y las altas cargas de fuerzas que sus trabajos suponían, y no solamente eso, después de haber visto el mar partirse en dos y ver a sus enemigos derrotados, de ver las plagas en Egipto, el pueblo de Israel se queja de hambre.

El hambre puede llegar a nublar el juicio. Una persona con mucha hambre puede cometer locuras; el hambre puede someter al corazón y evidenciar lo que este ama. El pueblo de Israel somos tú y yo. Versículos anteriores muestran cómo no era la primera vez que el pueblo se quejaba. En el versículo 24 del capítulo 15, el pueblo murmuró contra Moisés porque no tenían agua para beber. Enseguida, Moisés clamó al Señor, y el Señor les concedió agua. El versículo termina diciendo: «Y allí los probó». Ese es el contexto de la nueva queja. Ahora se pusieron más violentos con el descontento, tanto así que deseaban haber muerto en la tierra de Egipto, y usaron palabras muy particulares (añado cursiva para mostrar intensidad):

> … Ojalá hubiéramos muerto por mano de Jehová en la tierra de Egipto, cuando nos sentábamos a las ollas de carne, cuando comíamos *pan hasta saciarnos*; pues nos habéis sacado a este desierto para matar de hambre a toda esta multitud (Ex. 16:3).

El resto es historia. El Señor nuevamente tuvo misericordia de este pueblo que dudaba de Su provisión y cuidado y le envió alimento del cielo (maná). Sin embargo, más adelante en la narrativa, encontramos una idea que puede ser muy útil para nuestra dieta.

En los versículos 4, 16 y 21, se utiliza la repetición de palabras, algo muy utilizado en el lenguaje hebreo cuando se quiere enfatizar un mensaje. Veamos los pasajes (énfasis añadido):

> Jehová dijo a Moisés: He aquí yo os haré llover pan del cielo; y el pueblo saldrá, y recogerá diariamente la *porción de un día*, para que yo lo pruebe si anda en mi ley, o no (Ex. 16:4).
>
> Esto es lo que Jehová ha mandado: Recoged de él cada uno según *lo que pudiere comer;* un gomer por cabeza, conforme al número de vuestras personas, tomaréis cada uno para los que están en su tienda (v. 16).
>
> Y lo recogían cada mañana, cada uno *según lo que había de comer*; y luego que el sol calentaba, se derretía (v. 21).

Uno de los grandes problemas de nuestra sociedad y nuestras iglesias es que comemos sin medida. No regulamos nuestra ingesta. Comemos no hasta saciarnos, sino hasta más allá de esa frontera, de ese límite. El puritano Thomas Manton, hablando sobre los excesos, dijo: «El exceso en la comida y en la bebida nubla la mente, adormece los buenos afectos y despierta la concupiscencia. Muchos hombres cavan su propia tumba con los dientes».[7]

En la cosas buenas de la vida nos damos cuenta de lo perverso de nuestro corazón, cómo nuestro corazón pervierte el uso de un bien legítimo y lo convierte en sus propias cadenas. Pero la comida no solo es un medio de servicio; Dios la diseñó para que a través de ella nuestro corazón lo glorificara y se alentara.

En el libro de Jueces, encontramos el mismo tono repetido de palabras:

> Al cuarto día, cuando se levantaron de mañana, se levantó también el levita para irse; y el padre de la joven dijo a su yerno: Conforta tu corazón con un bocado de pan, y después os iréis. [...] Al quinto día, levantándose de mañana para irse, le dijo el padre de la joven: Conforta ahora tu corazón,

7. *Reflexiones puritanas* (Impresiones de Almendralejo, 2022), pág. 55.

> y aguarda hasta que decline el día. Y comieron ambos juntos (Jue. 19:5, 8).

El alimento conforta el corazón, provee estimulo, fuerza, lo que la ciencia llama «energía». Después de una larga jornada de trabajo, imagínate llegar a casa y, al entrar, te espera el banquete que tanto te gusta, esa comida que te hace traer recuerdos, esa sensación que deja la comida después de horas de no comer, o de participar de una comida que te encanta; eso da confort al corazón, es un regalo de Dios para Su iglesia. Pero luego viene la realidad: te sacias, pero de forma temporal; disfrutas, pero no es un disfrute permanente. Puedes comer el mejor manjar del planeta, pero una vez que pase por tu boca, su sabor será historia.

El corazón ama la comida porque en ella encuentra una sensación de plenitud, pero también puede llegar a aborrecerla porque algo tan pequeño como el alimento puede llegar a dominar pueblos, naciones enteras y gobernar los corazones de los individuos. La comida nos enseña que estamos necesitados, que somos débiles, que aunque comamos tres veces al día, al día siguiente tendremos que volver a comer. Pero también nos expone una verdad maravillosa, una verdad que transforma la manera en la que la vemos.

La clave de la dieta está aquí

Después de observar las formas de comer de muchas personas, incluyendo la mía, he visto que el problema no está en que no sepamos qué debemos comer, sino en que no tenemos capacidad de maniobra en la práctica de los tiempos de ingesta. Luchamos de forma constante con tirar del freno de emergencia porque nos encontramos comiendo de más. Creo fervientemente que el evangelio es la cura de los males del alma, y también nos brinda herramientas para administrar el cuerpo. Si Dios creó el cuerpo que nos dio, junto con ello nos dará las herramientas para que lo administremos. Así como todo aparato electrónico trae su manual de instrucciones para su correcto uso, Dios diseñó nuestros cuerpos y nos ha dejado los medios para que lo administremos como corresponde.

La naturaleza caída del hombre comerá el regalo dado por Dios como si fuese comida chatarra. Nunca estará satisfecho, siempre deseará comer más y más. Los afectos por la comida por parte de aquellos corazones que no conocen de manera especial al Creador son contrarios a Dios. Un corazón que no conoce el evangelio puede alimentarse técnicamente de manera idónea, pero su ofrenda de buen comer se sacrifica en el altar del yo. Por otra parte, los que luchan con el regalo de la comida con un corazón regenerado pueden no comer a la perfección, quizás no disponen de los recursos para perfeccionar sus modelos alimenticios, pero la ofrenda del buen comer no se sacrifica en el altar del yo, porque ya fue hecha por el único que comió como debía el hombre haber comido: Cristo. Los cristianos descansamos en las obras y los buenos hábitos de nuestro Señor. Eso no nos exime de la responsabilidad de comer con prudencia y sabiduría; nos alienta y nos motiva a comer para Su gloria, pero no debe ser un martirio para el corazón, sino un descanso que provea mayor fidelidad en buenos hábitos para Su gloria.

La dieta de la libertad restringida (DLR) no es un modelo ni una técnica científica, sino un sello del corazón regenerado por el Creador del cuerpo y el alimento, que es capaz de gobernarse y ejercer dominio propio en su ingesta. La dieta de la libertad restringida es la capacidad de disfrutar del alimento y a la vez restringirse cuando se ha llegado al límite.

Cada cristiano debe conocer los límites de su ingesta. Aunque los de nuestro alrededor no se enteren, el Creador del cuerpo sí sabe cuándo sobrepasamos esos límites. Muchos de los que están entre nosotros pueden tener apariencia saludable, pero un corazón desenfrenado hacia la comida. ¿Cómo podemos cambiar esto? La libertad restringida en la comida muestra que el alimento no nos domina, que solo hay un sustento verdadero que domina nuestro corazón y nuestro cuerpo: el verdadero alimento, Cristo.

Como decía Juan Calvino, nuestro corazón es una fábrica de ídolos. Así que cuando comemos con desenfreno, estamos en ese momento amando más lo que comemos que a Cristo. Cuando nos ejercitamos desbocadamente y abrazamos el ejercicio como un medio de búsqueda de paz, estamos amando más el regalo del movimiento que a Cristo, el Dador de ese regalo. En la vida saludable, esto es muy evidente.

La meta de la comida

En el Evangelio de Juan, encontramos lo que revela la sombra del alimento:

> Yo soy el pan de vida. Vuestros padres comieron el maná en el desierto, y murieron. Este es el pan que desciende del cielo, para que el que de él come, no muera. Yo soy el pan vivo que descendió del cielo; si alguno comiere de este pan, vivirá para siempre; y el pan que yo daré es mi carne, la cual yo daré por la vida del mundo (Juan 6:48-51).

La comida enseña al hombre que está necesitado; el alma desnutrida comerá sin propósito. El alimento apunta a la necesidad que el corazón tiene de comer, pero ¿qué quiere comer el corazón que lo ha comido todo? El corazón que lo ha comido todo desestima el valor del alimento; por eso no sabe qué tiene que comer, lo ha probado todo y en su corazón cree que no hay nada por descubrir.

Cristo es el pan que el cuerpo y el corazón necesitan. Él es el alimento que abre nuestros ojos para vivir como hemos de vivir, para comer como hemos de comer. Cuando Adán y Eva comieron del fruto del árbol, sus ojos fueron abiertos, conocieron que estaban desnudos y se avergonzaron. Ellos comieron lo que no debían comer, por lo tanto se sintieron culpables y desde entonces comemos como no debemos comer. Pero cuando Cristo se presentó a Sus discípulos, vemos una maravillosa, increíble e impactante verdad para nuestro entendimiento. En el Evangelio de Lucas, encontramos:

> Entonces le dieron parte de un pez asado, y un panal de miel. Y él lo tomó, y comió delante de ellos. Y les dijo: Estas son las palabras que os hablé, estando aún con vosotros: que era necesario que se cumpliese todo lo que está escrito de mí en la ley de Moisés, en los profetas y en los salmos. Entonces *les abrió el entendimiento*, para que comprendiesen las Escrituras (Luc. 24:42-45, énfasis añadido).

Y también:

> Y aconteció que estando sentado con ellos a la mesa, tomó el pan y lo bendijo, lo partió, y les dio. Entonces les *fueron abiertos los ojos*, y le reconocieron; mas él se desapareció de su vista (Luc. 24:30-31, énfasis añadido).

¿Y sabes qué? En Juan 21:9-14, encontramos una de las imágenes más hermosas el evangelio:

> Al descender a tierra, vieron brasas puestas, y un pez encima de ellas, y pan. Jesús les dijo: Traed de los peces que acabáis de pescar. Subió Simón Pedro, y sacó la red a tierra, llena de grandes peces, ciento cincuenta y tres; y aun siendo tantos, la red no se rompió. Les dijo Jesús: Venid, comed. Y ninguno de los discípulos se atrevía a preguntarle: ¿Tú, quién eres? sabiendo que era el Señor. Vino, pues, Jesús, y tomó el pan y les dio, y asimismo del pescado. Esta era ya la tercera vez que Jesús se manifestaba a sus discípulos, después de haber resucitado de los muertos.

Cristo sirvió a Sus discípulos a través de la comida; tomó el pan y el pescado para servir a los suyos. Eso fue lo que había hecho tres días antes en aquella cruz, se dio así mismo para que comiéramos de Él. El cambio en nuestra forma de comer reside en cuánto comemos de Él, porque cuanto más comemos de Él, menos comeremos de nosotros mismos; cuanto más comamos de Él, más lleno del Espíritu estará nuestro ser. Por lo tanto, si comemos más de Él, comeremos como debemos el alimento físico. El corazón verá la comida por primera vez como realmente fue diseñada, para gloria de Dios y no de los hombres. Como dijo el puritano Henry Smith, hablando sobre «¿Es solo pan?»: «Él está ante nosotros como un pelícano, que deja que sus polluelos le succionen la sangre, de modo que podemos decir: El Señor nos invitó a cenar y Él mismo fue nuestra comida».[8]

Que tu dieta sea alimentarte de Él; entonces, y solo entonces, todo lo demás encontrará su propósito.

La MCB en acción

Como parte de la MCB, la alimentación también es considerada un elemento clave en el proceso saludable de una persona. En esta ocasión, quiero presentarte de manera práctica lo que he llamado la *dieta de la libertad restringida.*

> La DLR es un concepto que busca transmitir libertad en la selección de alimentos con la intención de poder deleitarnos con la comida y a la vez restringirnos de la misma si es necesario. La libertad en la comida consiste en ello, en no ser esclavo de ningún sabor o plato, sino más bien en disfrutar con libertad, prudencia y moderación aquello que Dios creó para Su gloria y para nuestro deleite.

8. *Reflexiones puritanas,* pág. 29.

En términos prácticos, la dieta de la libertad restringida se visualiza en la siguiente pirámide. La base de la alimentación saludablemente bíblica reposa en el temor al Señor. Comemos delante de Él, no hay mejor manera de comer saludable desde el corazón que no sea comer con un corazón sabio. Esa sabiduría nos provee libertad, pues ya no somos esclavos de nosotros mismos ni de nuestras pasiones o apetitos, sino del Creador y amo del cuerpo y de la comida que lo sustenta. Además, es importante la prudencia. La moderación y la reflexión sobre lo que comemos puede, en el sentido saludable de la palabra, salvarnos la vida. Y la parte alta de la pirámide sería el ideal, la alimentación del mayordomo, estar listo para servir, estar en condiciones óptimas para la misión que venga. Comer con esa perspectiva es un reto para el corazón.

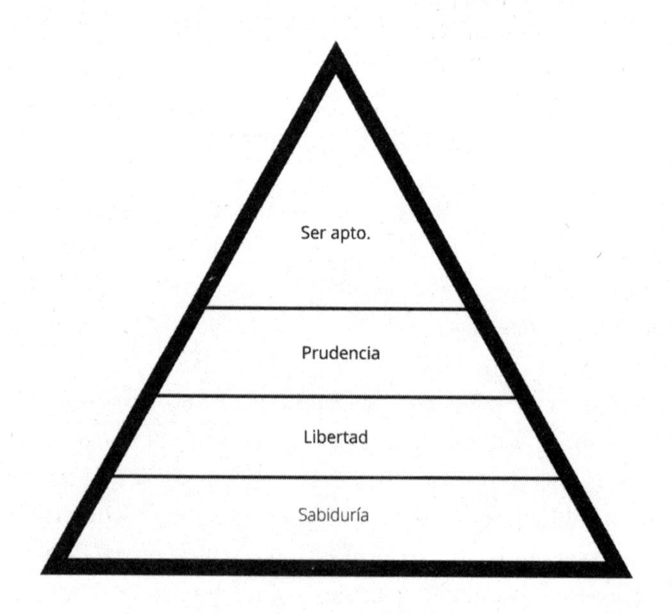

Figura: ¿Cómo come un cristiano?

En base a la reflexión anterior, responde las siguientes preguntas:

1. ¿Crees que tienes algún problema con la comida?
2. ¿Hay algún alimento que te cueste dejar?
3. ¿Qué haces cuando tienes gran apetito sabiendo que ya has comido?
4. ¿Has orado por ese conflicto?

Oración:

Amado Señor, gracias por amarme a pesar de mí. Gracias porque Cristo vivió y comió perfectamente, y Sus hábitos son puestos a mi favor por gracia. Padre, quiero pedirte perdón por mis pecados. Perdóname por todas esas veces que corro tras la comida y me olvido de ti. Perdóname porque a veces amo más el deleite en la boca que tu presencia en mi vida. Quiero rogarte que tu Espíritu Santo me dirija aun en medio de este proceso de crecimiento en dominio propio con la comida. Deseo agradarte aun en la forma en que disfruto de lo que creaste para mi cuidado y tu gloria. Recuérdale a mi alma que tú eres mi porción y mi única satisfacción. En el nombre de Jesús, amén.

Capítulo 14

No es por mí; es por todos

Cuenta la leyenda que, entre agosto y septiembre del 490 a. C., un heraldo profesional llamado Filípides[1] corría en dirección a Esparta para pedir ayuda, pues el poderoso ejército imperial de Persia, que amenazaba a Grecia, estaba acechando. Se dice que Filípides recorrió 260 kilómetros de terreno escarpado en menos de dos días.[2] Después regresó, luchó y volvió a salir, esta vez hacia Atenas, para llevar las buenas nuevas de que los griegos habían vencido a los invasores persas en la Batalla de Maratón. En esa ocasión, Filípides corrió unos cuarenta kilómetros que separan a Maratón de Atenas. Tras cumplir con su misión, colapsó y murió extenuado. Esta historia dio nacimiento a las famosas carreras de larga distancia llamadas maratón. La cadena BBC News Studio comenta:

> Lo que dejó de serlo es si su hazaña es posible. En 1982, el comandante John Foden y cuatro oficiales de la Fuerza Aérea Real británica se fueron a Grecia para comprobar si realmente era posible recorrer una distancia de casi 250 kilómetros en menos de dos días. Tres del grupo lo lograron. De

1. Comité Olímpico Dominicano, «Filípides, el soldado que da origen al maratón». https://colimdo.org/pagina/filipides-el-soldado-que-da-origen-al-maraton/
2. Fernando Quesada Sanz, «La batalla de Maratón: un mito e hito de Occidente». 12 de enero de 2021. https://www.march.es/es/madrid/conferencia/batallas-antiguedad-clasica-i-batalla-maraton-mito-e-hito-occidente

manera que **Filípides efectivamente fue fabuloso, haya existido o no**.[3]

Filípides no solo nos deja una hazaña increíble; nos enseña que en su preparación física, no solo él era el beneficiario, sino que esta preparación física tenía un bien mayor: el servicio a su nación, a su pueblo.

Un gran porcentaje de las personas que se ejercitan hoy no realizan su actividad física con este ideal en mente. La mayoría entrena porque es una obligación prescrita por el médico, porque de no entrenar, la salud empeorará, porque se acerca la boda y necesitas entrar en el traje, porque es año nuevo y la meta es perder los kilos ganados, todo es el yo. Sin embargo, es normal; nuestro corazón nunca pensará de manera voluntaria en otros. Eso solo sucede cuando hay un cambio de corazón. Los cristianos llenos del Espíritu Santo son capaces de entrenar pensando en los beneficios del otro y en las responsabilidades que tienen para con los demás. Dios no te necesita, pero muchos necesitan de lo que Dios te ha mandado hacer para Su gloria.

Hace algunos meses, observé un anuncio que jamás olvidaré. Te lo cuento; te encantará. Se trataba de un anciano de unos ochenta años más o menos. Vivía solo en su casa de roble. La vivienda disponía de un espacio donde se podía dejar un vehículo, pero el anciano lo había convertido en un lugar de *entrenamiento*.

Cuando pasaban los vecinos (observando con gran sentido de incredulidad) frente a su vivienda, lo encontraban a las siete de la mañana con una pesa rusa color negra que daba evidencias de haber pasado por varias generaciones. El invierno llegó a la casa y el anciano continuó entrenando dentro de su sala, que tenía un

---

3. BBC Mundo. «¿Cuán cierta es la historia que nos contaron sobre el origen del maratón?». 18 de septiembre de 2016. https://www.bbc.com/mundo/deportes-37384710

ventanal enorme que permitía observar desde afuera. Su entrenamiento consistía en un solo movimiento: era una sentadilla tipo copa que finaliza con un empuje de la pesa rusa por encima de la cabeza. Así cada día, cada semana y los meses siguientes, hasta que llegó la Navidad.

De repente, suena el teléfono.

«¡Papá, papá! —se escucha al otro lado—. Vamos en camino».

Horas más tarde, suena el timbre de casa. Dos hermosos perros pastores alemanes pasan por su lado y una encantadora niña con piel de perla se tira en sus piernas, y exclama: «¡Abuelo! ¡Ya estoy aquí!».

Enseguida, el abuelo toma a la pequeña niña por sus axilas, realiza una sentadilla profunda, se levanta y extiende sus brazos cargando a su nieta para que ella pueda colocar la estrella final de aquel hermoso árbol de Navidad.

Para eso entrenaba el abuelo. Para dejar en la memoria de su nieta aquel recuerdo que llevaría toda la vida. Desde luego, un acto bello, hermoso.

Pero a una mayor escala, el cristiano entrena. Entrena para servir de mejor manera a su Dios. Entrena para tener las fuerzas físicas necesarias para ayudar a quienes más lo necesitan. Entrena para levantar la estrella de la gloria de Dios reflejada en el cuerpo a través de la mayordomía corporal bíblica. Si esto no es suficiente para levantarte hoy mismo y comenzar con toda la intencionalidad y la prudencia del corazón a desarrollar hábitos saludablemente bíblicos, entonces necesitamos conocer más sobre la mayordomía corporal bíblica, y aún más sobre nuestro Dios, nuestro amor hacia Él y hacia nuestro prójimo.

El liderazgo de las iglesias y la vida saludable

La Universidad de Duke (Carolina del Norte), a través de su proyecto «Pulpit and Pew» [Púlpito y banco], descubrió tras realizar una encuesta a más de 2 500 líderes que el 76 % de los pastores cristianos sufría obesidad o tenía sobrepeso, teniendo en cuenta que el 61 % de la población de Estados Unidos presenta obesidad.[4] La primera evaluación de The Evangelical Lutheran Church in America (ELCA), realizada en 2004, reveló alguno de los problemas de salud de los pastores luteranos: 60 % hipertensión, 62 % estrés o depresión, 64 % sobrepeso, 72 % presentaba riesgo de una inadecuada alimentación. ¿Qué consecuencias arrojan estos datos en el liderazgo ministerial?

Un estudio del Instituto Francis Schaeffer mostró que alrededor de 1 500 pastores dejan el ministerio cada mes. Las principales causas: depresión y estrés. Según las respuestas de los encuestados en cuanto a este aspecto de su vida personal, el 34,7 % dice hacer ejercicio adecuado y el 61,7 % reconoce que debería hacer más ejercicio. ¿Qué nos revelan estos números? Que el ejercicio y la buena alimentación no son un problema ajeno a la vida cristiana, y mucho menos a los predicadores, pastores y líderes de nuestras iglesias locales.

El desarrollo de una vida saludable debe comenzar por quienes se paran al frente cada domingo y predican el evangelio. No podemos predicar sobre la salvación de las almas mientras matamos el cuerpo. Henry y Richard Blackaby, en su libro *Liderazgo espiritual,* escriben:

> Los líderes que no cuidan su salud les presentan a sus seguidores una pregunta apremiante: «Si nuestros líderes no pueden administrar bien su cuerpo, ¿cómo podemos confiarles el cuidado de nuestra organización?».[5]

Hace unos días vi la película alemana de ciencia ficción llamada *Paradise.* La trama de la película se entreteje con la nueva tecnología

---

4. El Mundo. «Los sacerdotes de EEUU están gordos». 30 de marzo de 2006. https://www.elmundo.es/elmundosalud/2006/03/30/dieta/1143732906.html
5. Blackaby, Richard, *Liderazgo Espiritual: Cómo movilizar a las personas hacia el propósito de Dios* (Nashville, TN: B&H Español, 2016), pág. 91.

de la longevidad humana, en donde los seres humanos ahora pueden vender sus años de vida a cambio de sustanciosas sumas de dinero; cuantos más años vendas, más rico serás. Pero cuantos más años vendas, menos vivirás. Así que, si tienes dieciocho años y vendes veinte años de tu vida, inmediatamente pasas a tener treinta y ocho años de edad. Gracias a Dios, es ciencia ficción, pero algo muy similar —no tan instantáneo pero sí progresivo— sucede en la vida de nuestras iglesias locales, en particular la de nuestros hermanos que presiden puestos de liderazgos.

Amo a mis pastores, y sé que tú también amas a los tuyos. Amo lo que Dios hace en sus vidas y lo que Dios hace a través de sus vidas para el bienestar de la iglesia, pero me imagino que al igual que yo, tú quieres que tus pastores duren todos los años que deben vivir y *vivirlos bien*. Nuestros pastores invierten horas de estudio, de oración, de confeccionar el sermón de cada domingo, de lectura y todo lo que no vemos; ahora añade a ello el desgaste mental y físico de pasar horas y horas sentados, sin movimiento, muchos no duermen como deberían por múltiples razones, comen a deshoras, todo por llevar el evangelio a nuestras vidas ¡pero se nos están muriendo frente a nosotros! Nuestros líderes deben ser capacitados para poder consolidar una vida saludable que potencie con excelencia el resto de sus responsabilidades ministeriales. Los beneficiarios serán ellos en primer lugar, pero nosotros seremos aún más bendecidos por tenerlos, por cuidarlos y por edificarnos juntos en el cuerpo de Cristo.

Los grandes credos, las confesiones de fe y los catecismos de la iglesia cristiana histórica a través de los siglos manifiestan la convicción de que los Diez Mandamientos son un resumen de la ley inmutable de Dios, son una ley para todos los hombres en todo lugar y en todo tiempo. En el Catecismo de Westminster, encontramos una afirmación completa sobre el significado de los Diez Mandamientos. En este documento encontramos la siguiente pregunta: ¿Cuáles son las reglas que debemos observar para entender los Diez Mandamientos correctamente? (Pregunta 99). Cito la cuarta y séptima regla de las ocho que ofrecen:

> Que, donde se nos manda a cumplir un deber, el pecado opuesto también está prohibido y que, donde se prohíbe un pecado, también se nos manda a cumplir el deber opuesto. Que donde se incluye una promesa, la amenaza opuesta está implicada y, que donde se hace una amenaza, la promesa opuesta también está incluida.

Cuando se nos prohíbe o se nos manda algo, estamos obligados, según nuestra posición, a esforzarnos por hacer que los demás lo eviten o lo lleven a cabo, según el deber que le corresponde por su posición. Después de esta explicación, el Catecismo nos proporciona una exposición de cada mandamiento, explicando tanto el deber como la prohibición de cada uno. El Catecismo aborda el sexto mandamiento («no matarás») de la siguiente manera. Primero, la parte sobre los deberes del mismo:

> Los deberes que exige el sexto mandamiento son hacer tod el estudio cuidadoso que sea necesario y esforzarse en todo lo que sea legítimo por proteger nuestra propia vida y la de los demás, resistiendo todos los pensamientos y propósitos, sometiendo todas las pasiones, y evitando todas las ocasiones, tentaciones y prácticas que tienden a quitarle la vida injustamente a cualquier persona [...] También implica un uso sobrio de la carne (la comida), la bebida, la medicina, el dormir, el trabajo y el recreo.

Después, explica las prohibiciones del mandamiento:

> ... los pecados que se prohíben en el sexto mandamiento son [...] descuidar o quitar los medios legítimos y necesarios

> para preservar la vida [...] El uso inmoderado de la carne (la comida), la bebida, el trabajo y el recreo [...] Y todo lo que tiende a la destrucción de la vida de cualquier persona.[6]

Los grandes teólogos y pastores cultos que redactaron estas respuestas se esmeraron por apoyar cada afirmación con una pasaje de las Escrituras. Sencillamente, aplicaron el sexto mandamiento de la misma forma en que nuestro Señor aplica el séptimo en Mateo 5:27-28.

En el libro *¿Cómo glorificar a Dios en tu cuerpo?*, el pastor Albert Martin nos deja una historia que deberíamos leer con atención:

> Imagínate que conoces a un hombre que profesa ser cristiano; este hombre está próximo a cumplir 65 años y tiene buenas razones para pensar que podría vivir hasta los 75 u 80 años (Salmos 90:10). Su perfil genético, su salud general y su condición física hacen que esta sea una expectativa razonable. ¿Qué pensarías si un día escuchas que, al cumplir los 65 años, esta persona se puso una pistola en la cabeza y se quitó la vida? ¿No te entristecería ver que ha puesto en duda su fe cristiana por este acto deliberado de autodestrucción? ¿No te lamentarías también porque al tomar su propia vida dejó atrás a una viuda con el corazón destrozado, una mujer que durante más de 40 años invirtió su tiempo en él y en la vida de sus hijos? ¿No te afligiría que sus nietos perdieran a un abuelo justo cuando él pudo haber ejercido una mayor influencia en sus vidas? ¿No te entristecería que el pueblo de Dios haya perdido a un santo probado en una etapa de su vida en la que pudo haber ejercido una influencia tremenda, ya que posiblemente sus circunstancias a los 65 años

---

6. *La Biblia de Estudio de la Reforma*, El Catecismo Mayor de Westminster, pág. 2422.

le habrían dado más libertad que nunca para servir a Dios y a Su pueblo?

Supongamos que la historia cambia y este mismo hombre muere a la edad de 65 años pero en este caso, su fallecimiento es el resultado de un infarto muy grave. Sufre este ataque del corazón porque desde los 30 años hasta los 65 años nunca le dio importancia a la necesidad de establecer un estilo de vida que fuese consecuente con los principios ya aprobados de una dieta saludable, de ejercicio, de mantener un peso saludable y de otros «medios legítimos y necesarios para preservar la vida». ¿Por qué no sientes el mismo dolor al escuchar esta versión de la historia? En el primer caso, la persona destruye su vida con voluntariedad y deliberación justo cuando aprieta el gatillo. En el segundo caso, destruye su vida deliberadamente a lo largo de un período de 35 años, durante el cual se muestra indiferente hacia las prohibiciones y las directrices positivas del sexto mandamiento. Éticamente hablando, ¿existe alguna diferencia? Que Dios te dé la gracia para que no seas como el hombre que he descrito en este último caso.[7]

En un estudio realizado por la patóloga de lenguaje Bridget Russell, *Effects Of Varied Vocal Intensity on Ventilation and Energy Expediter in Women and Men* [Efectos de la variación de la intensidad vocal en la ventilación y el expedidor de energía en mujeres y hombres], la científica pidió a sus participantes que leyeran en voz alta, normal y baja mientras medía sus niveles de consumo de oxígeno, respiración y gasto de energía (los eventos usuales en un sermón). Russell encontró que leer en voz alta requiere de un 20 % más de oxígeno en comparación con el resto. Según reportes, las calorías de una persona que está sentada hablando son de 1,5 Kcal/Kg hora; para

---

7. Albert Martin, *Cómo glorificar a Dios en tu cuerpo,* págs. 71-72.

la mujer, supone un gasto de 90Kcal/hora; para el hombre, de unas 105Kcal/hora. Si a ello añadimos el estrés intelectual, emocional, el movimiento en el púlpito (que ciertamente puede llegar a ser muy intenso en algunos predicadores), concluimos que dar un sermón no solo es un reto espiritual, sino también físico.

Un hermano que siempre he admirado es el pastor y maestro R. C. Sproul. Nunca lo conocí, pero siempre me impactó cómo en sus últimos años de vida no cesaba de enseñar el evangelio incluso acompañado de su tanque de oxígeno. Sus cuidados personales nos dieron el regalo de disfrutar de todo lo que Dios hizo en su vida.

Para el líder de casa

Como esposo, he querido transmitir este ideal en mi hogar. Creo con fervor que si comenzamos en casa el cimiento de la mayordomía, nuestros hijos modelarán a Cristo donde sea que Dios los lleve. Desde luego, el liderazgo del hombre en casa también supone llevar al hogar una mayordomía corporal bíblica para la gloria de nuestro Dios.

El esposo cuida a su esposa con sus hábitos saludables. Maridos, hemos de vivir con sabiduría junto a nuestras esposas. Eso implícitamente conlleva fomentar hábitos saludables de manera sabia en sus vidas. El liderazgo también implica desarrollar hábitos revestidos de piedad y un ejemplo diario en nuestra mayordomía corporal. Nosotros, los padres, somos los mayordomos de la vida activa y nutricional de nuestros hijos. Si nuestros hijos ven padres perezosos, ajenos al balance educativo nutricional, ¿qué estamos haciendo con sus vidas saludables? También puede suceder lo contrario. Padres inclinados por completo a un perfecto control de la ingesta, del deporte, y alejados de la piedad y la formación del corazón. Hemos de rogar por sabiduría en la enseñanza y la educación de la mayordomía en casa. Esposo, recuerda que tu cuerpo le pertenece a tu esposa, y viceversa. Al cuidar el cuerpo, honramos a nuestro Creador.

En la carta a los efesios, Pablo nos recuerda: «Así también los maridos deben amar a sus mujeres como a sus mismos cuerpos. El que ama a su mujer, a sí mismo se ama. Porque nadie aborreció jamás a su propia carne, sino que la sustenta y la cuida, como también Cristo a la iglesia» (Ef. 5:29).

Por tanto, un liderazgo bíblico es un liderazgo del todo saludable. No seamos el obstáculo de buenos hábitos en la casa (familia) y en la vida de nuestra esposa a causa de la pereza y el desorden de nuestra actividad física. Bendice a tu esposa con tus hábitos saludablemente bíblicos. En conclusión, como escribió el apóstol Pedro:

> Finalmente, sed todos de un mismo sentir, compasivos, amándoos fraternales, misericordiosos, amigables; no devolviendo mal por mal, ni maldición por maldición, sino por el contrario, bendiciendo, sabiendo que fuisteis llamados para que heredaseis bendición (1 Ped. 3:8-9).

Hábitos saludablemente bíblicos en la comunidad

Al principio del libro hablé por encima sobre hábitos saludablemente bíblicos. Definámoslos con brevedad. En esencia, son el fruto saludable de un corazón transformado por el evangelio. A ver, seamos claros: si las cosas viejas pasaron, eso quiere decir que nuestros patrones no saludables también pasaron, ¿no? Sería una contradicción que el mundo de mis hábitos no cambie si se supone que el motor de tales hábitos ha cambiado, o al menos debería presentar una batalla contra aquellos viejos rudimentos no saludables para con el cuerpo. Los hábitos saludablemente bíblicos son los que emergen de una vida espiritual cimentada en Cristo y se manifiestan en la vida práctica saludable.

Desde muy niño, por la gracia de Dios, me encantan las verduras de toda clase. No puedo decir lo mismo de mi hija. Cuando tenía dos años de edad, teníamos luchas históricas; yo con espadas verdes de coliflor y ella con los escudos de la cuchara en su boca. Por la soberanía de Dios, terminé ganando la batalla, pero había un as debajo de la manga: el ejemplo. Cuando oro antes de comer y disfruto de esos manjares de colores y verduras, pongo a mi hija en el primer plano de mi plato, literalmente para que me vea. Al comer las verduras, yo me beneficio de todos los aportes nutricionales que el alimento me brinda, pero mi hija también tiene una gran posibilidad de terminar comiéndolas a causa del ejemplo que ve en su padre.

A veces, el decaimiento de los hábitos saludables se experimenta por sabotajes espirituales. En especial, en el caso de las mujeres, como lo vivió Lysa:

> El mundo nos ha vendido a las mujeres la idea de que para ser buenas tenemos que ser delgadas. Estoy demasiado preocupada por mi crecimiento espiritual como para dejarme distraer por asuntos mezquinos como el peso y el hacer ejercicios. *Dios me ama tal como soy.*
>
> Aunque las justificaciones espirituales también sonaban bien, si era sincera conmigo misma, el problema era muy sencillo: falta de dominio propio. Yo podía adornarlo y justificarlo todo lo que quisiera, pero la verdad era que no tenía un problema con el peso, tenía un problema espiritual. Dependía más de la comida para recibir consuelo que de Dios. Y sencillamente era demasiado perezosa como para tomarme un tiempo y hacer ejercicios.[8]

La justificación espiritual engañosa de una actividad física legítima y necesaria para tu vida puede ser el comienzo de una gran caída libre en la que siempre saldrán perdiendo tu comunidad y tu persona.

---

8. Lysa Terkeurst, *El lunes empiezo*, pág. 58.

Los hábitos saludablemente bíblicos son necesarios en nuestras iglesias. Es necesario que los cristianos sean modelos de enseñanza también en la vida saludable. Los cristianos tienen la responsabilidad de mostrar al mundo cómo debe vivirse la vida saludable. La vida en comunidad nos ayuda a desarrollar el compromiso mutuo y la rendición de cuentas. Muchos cristianos están solos batallando con hábitos alimenticios en sus vidas por no desarrollar una vida comunitaria. El cristianismo saludable no se vive de manera individualista, sino en comunidad. Yo me beneficio de ver el ejemplo saludable de otros, y los otros se benefician de ver mi fidelidad y constancia en hábitos saludables para la gloria de Dios. Muchos hermanos no necesitan una mejor dieta o plan deportivo, necesitan ver a otros hermanos constantes, fieles, entregados al evangelio, y que esto se manifieste en su vida cotidiana.

¿Cuántos cristianos dicen el 1 de enero que comenzarán a realizar ejercicio y a comer saludable? La gran mayoría lo hace. ¿Cuántos cristianos a final del mes de marzo siguen constantes en esas metas? Creo que muy pocos. La constancia bendice a tu comunidad. La fidelidad no habla bien de ti, habla con honor del Señor a quien sirves y que es el objeto de tu adoración. No hay nada más hermoso que ver a un grupo de personas trabajando unidas para la gloria de Dios en restaurar corazones a través de la vida en comunidad y el desarrollo de hábitos saludables para el servicio a Dios, el servicio al prójimo y el servicio a la iglesia de nuestro Señor Jesucristo.

Tu vida saludable no se trata de ti; se trata de honrar a Dios. En esa honra al Creador de tu cuerpo, estarás capacitado por completo para estar atento a la oportunidad de servicio y para llevar a cabo lo que Dios demanda de ti. Como escribió uno de mis amados hermanos en la fe y mi profesor Pepe Mendoza: «Hemos sido creados para fructificar en comunidad».

¿Cómo podemos ver el evangelio en ese sentido? En la vida de Cristo encontramos el ideal saludable. Cristo no solo debía vivir una vida perfecta en cuanto a la ley. Piensa en esto: si Cristo era el nuevo Adán que representaba a la humanidad delante del Padre, era necesario que viviera una vida perfecta para que fuese el sacrificio perfecto, ¿no? De tal manera que Cristo no podía ser un glotón ni un perezoso, ni siquiera tener el pensamiento de tal acción.

Cristo es el modelo por excelencia de mayordomía corporal bíblica. Vivió la vida saludable que ninguno de nosotros podrá llegar a vivir. En Cristo, encontramos el ideal de la vida en comunidad. Porque lo que Él hizo nos beneficia a mí y a ti por ser Su iglesia. Sus obras me son imputadas por el puro afecto de Su voluntad. Cristo vivió la vida saludable de manera perfecta. Entregó Su propio cuerpo para que el de todos nosotros fuese un día como el Suyo. Cristo lo dio todo por Su iglesia, y ahora Su iglesia debe darlo todo por Él.

La MCB en acción

Preguntas para reflexionar y meditar:

1. ¿Crees que tus hijos están observando una vida de buenos hábitos?
2. ¿Considerarías que tu vida cristiana saludable es digna de ser imitada?
3. ¿Está siendo bendecida tu comunidad por tu mayordomía?
4. Si desempeñas un papel de liderazgo en tu iglesia local, ¿crees que si tus hermanos vivieran la vida saludable como tú serían más como Cristo?

Capítulo 15

La mayordomía corporal de Jesús

¿Hacía ejercicio Jesús?

Los tiempos bíblicos eran muy diferentes a los actuales. A menudo, cuando pensamos en cómo aplicar la Biblia a nuestra vida saludable, ese es el conflicto. Pensamos que los primeros cristianos no le daban valor a algo como el ejercicio porque no lo practicaban «exclusivamente» como lo necesitamos hoy. La necesidad específica que tenemos en nuestra época de hacer ejercicio añadido —porque de ello depende mucho nuestra calidad de vida— no era un pensamiento que pasara por la mente del judío del primer siglo. Cuando Jesús anduvo en la tierra, la mayor parte de la gente caminaba entre cinco y quince kilómetros diarios en el transcurso de su vida y trabajo. ¿Cuántos kilómetros caminamos hoy? La mayoría de las personas está sentada en una silla más de ocho horas diarias; la tecnología ha minimizado nuestros movimientos: el automóvil, el patinete eléctrico; ya no se camina, ahora se conduce.

Como hemos visto, a través de la historia del cuerpo y de la educación física, el ejercicio se caracterizaba por desarrollarse con directrices militares (romanos y griegos) y para ser apto para el entretenimiento del público en el desarrollo competitivo. El Evangelio de Juan termina de una manera muy característica, y el apóstol Juan dice lo siguiente:

> Y hay también otras muchas cosas que hizo Jesús, las cuales si se escribieran una por una, pienso que ni aun en el mundo cabrían los libros que se habrían de escribir. Amén (Juan 21:25).

Hay muchas cosas que no fueron escritas sobre la vida de Jesús, pero sí podemos acercarnos a través de la propia Biblia a observar el estilo de vida de tal época en sus aspectos gastronómicos y lo que refiere al estilo de vida.

Cuando Jesús tenía entre cuatro y cinco años de edad, caminó con su familia desde Egipto a Nazaret; una distancia de más de 650 kilómetros. El ministerio de Jesús estuvo marcado a menudo por Sus viajes entre la región de Galilea y Jerusalén; entre estas regiones, la distancia aproximada es de unos 200 kilómetros.

Si hacemos memoria, los judíos tenían siete fiestas oficiales; tres de ellas se debían celebrar en Jerusalén. «Tres veces al año se presentará todo varón tuyo delante de Jehová el Señor, Dios de Israel» (Ex. 34:23).

El padre de Jesús era un devoto judío. José habría asistido a esas tres fiestas anuales en Jerusalén. Era costumbre llevar a la familia, y en aquel entonces estas caminatas eran todo un desafío, gracias a los cambios de clima, las regiones desérticas, etc. Según el Dr. Don Colbert es muy probable que Jesús hubiera hecho este viaje a Jerusalén tres veces al año desde que tenía cinco años hasta los treinta. De ser así, caminó al menos 28 800 kilómetros solo en esos tres viajes anuales de peregrinación desde Galilea hasta Jerusalén.[1] Lucas 2:41-42 lo relata así: «Iban sus padres todos los años a Jerusalén en la fiesta de la pascua; y cuando tuvo doce años, subieron a Jerusalén conforme a la costumbre de la fiesta».

---

1. Don Colbert, *¿Qué comería Jesús?* (Nashville, TN: Grupo Nelson, 2003), pág 160.

Al 24 de abril de 2013, la distancia más larga reclamada para una peregrinación «alrededor del mundo» es de 64 752 km (40 235 millas) por Arthur Blessitt (EE. UU.).[2] Se le conoce por caminar llevando una cruz de madera de 3,7 m de altura (12 pies) y predicando la Biblia a lo largo de su peregrinación en más de 321 países.

En una de sus muchas caminatas, Blessitt tuvo acceso a mapas que mostraban los caminos que recorrió Jesús. Calculó en 5 000 kilómetros la distancia que el Señor caminó durante los tres años de Su ministerio. Agregó a esta cifra los kilómetros desde Egipto a Nazaret, así como los que Jesús anduvo desde Galilea hasta Jerusalén, y resultó un total de 32 552 km que quizás caminó durante toda Su vida.[3]

Al parecer, Jesús caminaba entre quince y treinta kilómetros de manera recurrente. No tenemos registros de la distancia que pudo haber recorrido en el desierto cuando estuvo en ayuno al comienzo de Su ministerio, pero probablemente la cantidad de kilómetros finales de la vida de Jesús haya sido el doble. En comparación, la longitud del ecuador de la tierra es de 40 066,59 kilómetros. Creo que no es difícil suponer que Jesús caminara esa distancia en toda Su vida. Definitivamente, Jesús tenía muy buena salud cardiovascular. A este tipo de entrenamiento constante en educación física se le conoce como ejercicio aeróbico.

No podemos olvidar que Jesús era Dios, pero era hombre al mismo tiempo. Por lo que Jesús se benefició de manera activa y pasiva del desarrollo de estas caminatas producto de Sus responsabilidades ministeriales, y aunque no eran caminatas establecidas por un programa deportivo obvio, sus beneficios y aportes no lo

---

2. https://www.guinnessworldrecords.com/world-records/longest-ongoing-pilgrimage
3. Arthur Blessitt, *Miles Jesus and Mary walked*, https://blessitt.com/miles-jesus-and-mary-walked/

distinguen. Gracias a Sus caminatas, Jesús, en Su humanidad, pudo gozar de reducir el riesgo de afecciones cardiovasculares, mejorar la circulación, reducir enfermedades coronarias y mantener un peso saludable. Cristo gozaba de buena salud. Por supuesto, el Rey y proveedor de la salud también era saludable.

¿Qué comía Jesús? Lo esencial

No solamente era necesario que Cristo padeciera en la cruz. También era necesario que viviera una vida perfecta. Una vida perfecta incluye afectos perfectos para la forma y estructura del comer. Los alimentos que Jesús comía se basaban en la ley levítica, por supuesto, como Jesús mismo dijo: «No penséis que he venido para abrogar la ley o los profetas; no he venido para abrogar, sino para cumplir» (Mat. 5:17).

Así que Jesús cumplió la ley en todo sentido, también en el sentido nutricional. Con el nuevo pacto, esta situación ha quedado restaurada gracias a Sus obras y, si puedo decirlo, también a Sus hábitos (Mar. 7:19, 1 Tim. 4:3-5). Sin embargo, me gustaría que echáramos un vistazo panorámico a lo que se refiere a la alimentación desde las Escrituras, en lo que estas nos arrojan de manera implícita.

Alimentos que Jesús comía habitualmente

Hagamos un acercamiento a los tres sustratos energéticos (carbohidratos, grasas y proteínas) en la vida de Jesús. Veamos un poco de contexto para comprender la influencia gastronómica que Jesús tenía por ser judío. El rey David consumía pan con regularidad. Cuando David era un niño, su padre Isaí le dijo que llevara un efa de grano tostado y diez panes integrales al campamento de sus hermanos (1 Sam. 17:17).

En 1 Samuel 25, David envió a diez de sus hombres a Nabal para solicitar alimentos como pago por los servicios de seguridad que él y sus hombres le habían brindado. Pero ¿qué pasó con Nabal? Se negó. Cuando Abigail oyó esto, ella se responsabilizó y llevó los alimentos a David. ¿Qué había en las provisiones? Había 200 panes, 2 odres de vino, 5 ovejas guisadas, 5 medidas de grano tostado, 100 racimos de uvas pasas, y 200 panes de higos secos. Luego de la salida de Jerusalén por parte de David después del arduo conflicto con Absalón, David y el pueblo tenían hambre y el Señor les proveyó por medio de los nativos de esa región donde estaban:

> … trajeron a David y al pueblo que estaba con él, camas, tazas, vasijas de barro, trigo, cebada, harina, grano tostado, habas, lentejas, garbanzos tostados, miel, manteca, ovejas, y quesos de vaca, para que comiesen; porque decían: El pueblo está hambriento y cansado y sediento en el desierto (2 Sam. 17:28-29).

Así que claramente los granos eran una comida típica del pueblo de Israel. El pan no solo tiene una importancia gastronómica en la vida judía, sino que Jesús hizo referencias al pan en Sus enseñanzas a sabiendas de la importancia en la alimentación judía. Él mismo se hizo llamar el Pan de vida. En la última cena, incluyó pan sin levadura que simbolizaba Su cuerpo. En Juan 21:9-12, lo vemos compartiendo un desayuno con Sus discípulos: pescado y pan. También está la historia de la multiplicación de los panes y los peces, algo que sucedió también en el Antiguo Testamento con Eliseo por medio de la palabra del Señor, donde alimentó a cien hombres con veinte panes de cebada (2 Rey. 4:42-44).[4]

Con todo este contexto histórico, podemos decir que Jesús con mucha probabilidad comía granos y panes integrales (carbohidratos). En cuanto a su *proteína* de preferencia, sabemos que en los tiempos bíblicos la pesca era una industria importante a lo largo del río

---

4. Don Colbert, *¿Qué comería Jesús?*, pág. 20.

Jordán y el mar de Galilea. Los hebreos eran pescadores muy hábiles. Varios de los apóstoles escogidos por Jesús eran pescadores de oficio. Muchos de los milagros de Jesús y momentos de conversación tuvieron alguna relación con la pesca y la comida. Seguramente, el pescado y el pan eran Sus alimentos preferidos; lo hemos visto a lo largo de Sus enseñanzas y momentos con Sus discípulos, y porque el pescado era la proteína más barata de ese entonces.

En Mateo 14:16-21, encontramos la historia de los cinco panes y los dos peces. Jesús los bendijo y esa tarde comieron más de 5 000 personas. Más adelante, en Mateo 15:32-37, Jesús alimenta a 4 000 con una multiplicación de unos «pocos pececillos», que algunos comentaristas señalan que pudieron haber sido sardinas. Así como Sus caminatas beneficiaban la humanidad de Cristo, el consumo de pescado está relacionado con evitar daños en las arterias y con una baja presión sanguínea. Se sabe que el pescado reduce los triglicéridos, regula el sistema inmunológico, reduce el colesterol malo (LDL) y es una muy buena fuente de grasas saludables. Así que Jesús comía diferentes tipos de pescado. Según diversas fuentes, pudo comerlo asado, al horno, guisado y cocido a fuego lento (como en el desayuno en la playa narrado en Juan 21). Es increíble solo de imaginarlo.

Al final del capítulo 8 de Deuteronomio encontramos la clase de tierra a la que iba a entrar el pueblo de Israel. Las características de esta tierra a nivel nutricional (sobre las grasas) son de gran importancia. Veamos:

> Porque Jehová tu Dios te introduce en la buena tierra, tierra de arroyos, de aguas, de fuentes y de manantiales, que brotan en vegas y montes; tierra de trigo y cebada, de vides, higueras y granados; *tierra de olivos, de aceite y de miel;* tierra en la cual no comerás el pan con escasez, ni te faltará nada en ella; tierra cuyas piedras son hierro, y de cuyos montes sacarás

> cobre. *Y comerás y te saciarás, y bendecirás a Jehová tu Dios por la buena tierra que te habrá dado* (Deut. 8:7-10, énfasis añadido).

Muchos árboles de aceitunas (olivos) duran más de 1000 años. Se cree que muchos de los árboles de Israel hoy en día existían hace 2 000 años. Algunos de estos antiguos olivos están en la región del huerto de Getsemaní donde estuvo y caminó Jesús. En el Antiguo Testamento, en 1 Reyes 5:11, leemos que Salomón le daba a Hiram, rey de Tiro, un presente anual a cambio de los cedros del Líbano que de Tiro salían para la construcción del templo. Este presente incluía 20 000 coros de trigo y 20 000 coros de aceite puro. Veinte coros de aceite puro eran más de 100 000 galones (378 500 litros) de aceite de oliva.[5]

Durante los días de Jesús se comían aceitunas crudas y cocidas. Pero la mayoría se prensaba para extraer aceite. El Dr. Colbert escribe al respecto:

> La noche anterior a Su crucifixión, Jesús fue a orar al huerto de Getsemaní. Este huerto estaba situado en la colina más baja del monte de los Olivos... nombre acertado por sus bosquecillos de olivos. Los olivos crecían allí para que se pudiera cosechar el aceite y llevarlo directamente desde el valle al templo. Estos árboles producían el aceite que ardía en los enormes candeleros del templo, así como el aceite usado para el pan, los sacrificios, y para hacer los doce panes sin levadura. Es muy probable que Jesús consumiera a diario aceite de oliva extra virgen.[6]

En nuestra era, la ciencia ha demostrado que el aceite de oliva ayuda a disminuir los niveles de colesterol LDL (malo) y aumentar

---

5. Don Colbert, *¿Qué comería Jesús?*, págs. 108-109.
6. *Ibid.*, pág. 109.

el colesterol HDL (bueno). El aceite de oliva contiene componentes nutricionales menores que incluyen antioxidantes como vitamina E, betacaroteno, lecitina, clorofila y esqueletos que ayudan a oxigenar los tejidos. Cristo en Su humanidad se benefició de cada uno de estos aportes saludables.

Jesús también descansaba

Muchos de los problemas que tenemos hoy en nuestras iglesias y nuestra sociedad es que no paramos. Las iglesias están llenas de actividades que con regularidad son llevadas a cabo por los líderes que van casi exhaustos a cada una de ellas. Lunes: reunión de oración, martes: estudio bíblico, miércoles: reunión de hombres, jueves: estudio de mujeres, viernes: reunión de jóvenes, sábado: escuela para niños, y domingo: culto. Ese ritmo durante treinta años no es nada sostenible ni saludable. J. Stott expresó que la indisciplina es, con frecuencia, la raíz del estancamiento de todo líder.[7] Tal y como mencionan Ester Martínez y Eduardo Bracier, «muchos líderes que trabajan en la obra necesitan más disciplina para descansar que para trabajar»[8].

En Cristo encontramos el modelo saludable de vida, una vida entregada a la voluntad de Su Padre, una vida dedicada al servicio y una vida saludable integralmente, también en el descanso. Jesús se cansaba y tomaba un tiempo de descanso. Juan nos deja un registro de ello: «Y estaba allí el pozo de Jacob. Entonces Jesús, *cansado del camino, se sentó así junto al pozo.* Era como la hora sexta» (Juan 4:6, énfasis añadido).

Jesús también entraba en profundo sueño. La imagen que nos deja el Maestro no solamente es de descanso, sino de un buen descanso

7. John Stott, citado por E. Martínez y E. Bracier, en *Y tú, cuida de ti mismo* (Barcelona, España: Publicaciones Andamio, 2011), pág. 75.
8. Ester Martínez y Eduardo Bracier, *Y tú, cuida de ti mismo*, pág. 75.

integral. La escena de la tormenta, en Marcos 4:35-41, es impresionante. Veamos lo que dice un pasaje paralelo:

> Aconteció un día, que entró en una barca con sus discípulos, y les dijo: Pasemos al otro lado del lago. Y partieron. Pero mientras navegaban, *él se durmió* (Luc. 8:22-23, énfasis añadido).

El salmista también nos recuerda que el descanso es una parte importante y revela nuestra confianza en el Señor: «En paz me acostaré, y asimismo dormiré; porque solo tú, Jehová, me haces vivir confiado» (Sal. 4:8).

Lo más alentador de todas estas acciones llevadas a cabo por Cristo es que Él es el Creador de la ciencia que Él mismo aplicó al cuerpo que Él creó. Dios mismo nos dejó Sus pisadas en la tierra para que lo siguiésemos. Pero no solo nos dejó un modelo saludable (si puedo decirlo de esta manera), sino que todo lo que hizo lo llevó hasta la cruz. Ese cuerpo comió, sirvió, descansó, en las últimas horas estuvo en agonía, Su sudor eran como grandes gotas de sangre que caían hasta la tierra (Luc. 22:44), ese cuerpo fue molido a golpes, clavado en una cruz, traspasado por una lanza, y murió pensando en Su iglesia. Tres días después, Él mismo se levantó de entre los muertos, venció a la muerte en su propio terreno, pagó el precio por todos los cuerpos de Sus amados, pagó la deuda que estos tenían para con el Padre, y gracias a Su obra y mayordomía, hoy tienes esperanza eterna en Él.

El cuidado de nuestros cuerpos solo tiene sentido cuando se abraza esa esperanza. La Iglesia es el cuerpo de Cristo, y el cuerpo de Cristo debe cuidarse. Cada uno de los cuerpos que conforman ese cuerpo debe estar saludable y listo para llevar, a través de la mayordomía corporal bíblica, el mensaje de la cruz hasta que llegue el gran día anhelado por toda Su Iglesia y creación: la redención.

La glorificación, la meta a la que fueron predestinados los escogidos por Dios.[9] Que hagamos nuestras las palabras del apóstol Pablo:

> … y no solo ella, sino que también nosotros mismos, que tenemos las primicias del Espíritu, nosotros también gemimos dentro de nosotros mismos, esperando la adopción, la redención de nuestro cuerpo (Rom. 8:23).

Que llegue una reforma a la vida saludable, comenzando por Su iglesia.

¡Soli Deo Gloria!

---

9. Basado en John Murray, *La redención consumada y aplicada* (Grand Rapids, MI: Libros Desafío, 2007), pág. 169.